Cornelia Röhlke

Erzählungen von der
deutsch-deutschen Grenze

SUTTON
VERLAG

Cornelia Röhlke

Erzählungen von der deutsch-deutschen Grenze

Das geteilte Eichsfeld 1945–1990

SUTTON
VERLAG

Die Autorin

Cornelia Röhlke, M.A., 1963 geboren und in Lüneburg aufgewachsen, studierte Geschichte und Volkskunde in Hamburg und Göttingen. Ihr Studium beendete sie mit einer Arbeit zur Geschichte Lüneburgs in der unmittelbaren Nachkriegszeit. Anschließend absolvierte sie ein zweijähriges Volontariat im Städtischen Museum Göttingen. Ihr erstes eigenes Ausstellungsprojekt mit dem Titel »Der bitter-süße Wohlgeschmack« zur Geschichte von Genußmitteln, zu dem eine Begleitpublikation erschien, wurde 1994 in Göttingen eröffnet. Anschließend übernahm Cornelia Röhlke den Aufbau und die Gestaltung des Grenzlandmuseums Eichsfeld, das 1995 eröffnet wurde und in dem sie als wissenschaftliche Leiterin fünf Jahre tätig war. Der weitere Auf- und Ausbau des Museums sowie Sonderausstellungen zur Geschichte der deutsch-deutschen Grenze folgten. Sie leitete ferner eine Befragung von Zeitzeugen über ihre Erinnerungen an die Grenze im Eichsfeld. Auf diesem Projekt basieren das vorliegende Buch und der gemeinsam mit dem Institut für den Wissenschaftlichen Film Göttingen erarbeitete Beitrag zum Thema »Zwangsaussiedlungen aus dem Sperrgebiet 1952«. Darüber hinaus war sie an Ausstellungsprojekten zur regionalen Kultur- und Handwerksgeschichte beteiligt.

Impressum
Sutton Verlag GmbH
Hochheimer Straße 59
99094 Erfurt
www.suttonverlag.de
© Sutton Verlag, 2001
ISBN: 978-3-89702-345-1
Druck: Books on Demand GmbH, Norderstedt, Deutschland

Inhaltsverzeichnis

Vorwort

Die rund 1.400 Kilometer lange ehemalige deutsch-deutsche Grenze zählte zu den am schärfsten bewachten Grenzen der Welt. Der sogenannte »Eiserne Vorhang« teilte bis 1989 nicht nur Deutschland, sondern auch Europa und die Welt in zwei Machtblöcke und politisch gegensätzliche Systeme.

Die deutsche Nachkriegsgeschichte ist geprägt von der ehemaligen Grenze und der deutschen Zweistaatlichkeit. Vor allem die Menschen in den Grenzregionen erlebten die Ereignisse nach Ende des Krieges hautnah mit. Sie waren persönlich betroffen und erlebten die Grenzziehung, die Flüchtlingsströme, die sich verschärfenden Unterschiede zwischen den drei westlichen Besatzungszonen und der sowjetischen Zone, die Errichtung der ersten Grenzsperren und den illegalen Grenzverkehr. Sie wurden Zeugen der Sperrung von Verbindungsstraßen, des Kalten Krieges, des Ausbaus der Sperranlagen mit Minen und Selbstschußanlagen, die viele Tote und Verletzte forderten. Sie waren betroffen von den Problemen im Zonenrandgebiet des Westens und der Sperrgebietsverordnung im Osten.

Überall entlang ihres Verlaufs trennte die Grenze Menschen, zerschnitt Verbindungen, teilte Ortschaften und Regionen. Eine betroffene Region, deren Bevölkerung über Jahrhunderte besonders miteinander verbunden war, war das ehemalige Fürstentum Eichsfeld, ein vom katholischen Glauben geprägtes Gebiet im protestantischen Umfeld, das durch die Grenzziehung der Alliierten geteilt wurde. Heute liegt das Eichsfeld im Dreiländereck Thüringen, Hessen und Niedersachsen, der früher britisch besetzte Teil gehört zu Niedersachsen, der früher sowjetische Teil zu Thüringen.

Die ehemalige Grenze ist heute fast gänzlich aus der Landschaft verschwunden. Nach über zehn Jahren verblassen die Erinnerungen an sie und die Teilung immer stärker. Ereignisse und Situationen, wie sie im vorliegenden Buch geschildert werden, die bis 1989 zur deutsch-deutschen Realität gehörten, sind heute unvorstellbar. So beispielsweise wenn erzählt wird, wie eine Familie zum Sonntagsspaziergang am Waldrand aufbricht und plötzlich einen schwer verletzten Mann im Minenfeld findet oder wenn Besuche im Nachbardorf Wochen vorher polizeilich angemeldet werden mußten.

Das vorliegende Buch dokumentiert Erzählungen, in denen sich die Geschehnisse der deutschen Nachkriegsgeschichte spiegeln. Die Zeitzeugen berichten über Ereignisse aus ihrer ganz persönlichen Sicht, in ihren eigenen Worten. Sie selbst setzen die Schwerpunkte der Erzählungen, machen ihre Erlebnisse transparent: Nicht nur was sie erlebt haben, auch wie es ihnen dabei ergangen ist, wie sie sich gefühlt haben und wie diese Ereignisse bis heute nachwirken.

Mehrheitlich kommen Menschen aus dem Grenzgebiet der ehemaligen DDR zu Wort, da ihre Erlebnisse und die Situation im Grenzgebiet vielen immer noch unbekannt sind. Sie waren durch das Grenzregime in besonderer Weise der staatlichen Kontrolle und Repression ausgesetzt. Darüber hinaus waren sie als Bürger der DDR die Akteure der Grenzöffnung und der demokratischen Revolution 1989/90.

Die Bewohner des DDR-Sperrgebietes waren in ganz unterschiedlichem Ausmaß von den Maßnahmen des Staates betroffen. Manche gewöhnten sich an das Leben im Angesicht von Zaun und Stacheldraht, sie empfanden es zwar als einschränkend, nicht aber als wirklich bedrohlich. Andere litten schwer unter Willkür- und Zwangsmaßnahmen wie Zwangsaussiedlungen oder den LPG-Gründungen. In den Erinnerungen wird daher kein einheitliches Bild der Vergangenheit gezeichnet, sondern sie spiegeln das vielfältige Erleben der Menschen wider, das sich in keiner anderen historischen Quelle finden läßt. Darüber hinaus gibt das Buch Einblicke in Ereignisse, die vielen noch weitgehend unbekannt sind. In den Erzählungen wird ebenfalls deutlich, wie stark der Zusammenhalt und das Zugehörigkeitsgefühl der Bevölkerung zu ihrer Region waren. Viele Eichsfelder, die im Laufe der Jahrzehnte ihre Heimat verlassen hatten, siedelten sich auf der anderen Seite der Grenze im westlichen Teil des Eichsfeldes an. Andere, die von Zwangsmaßnahmen wie den Umsiedlungen betroffen waren, kehrten nach der Grenzöffnung zurück.

Die Interviews entstanden im Rahmen eines Projektes zur Zeitzeugenbefragung im Grenzlandmuseum Eichsfeld. 1995 wurde auf dem Gelände der ehemaligen Grenzübergangsstelle Worbis das Grenzlandmuseum Eichsfeld eröffnet, in dem mit regionalem Bezug die Geschichte der Grenze und des Grenzübergangs sowie Aspekte des Lebens im Grenzgebiet dokumentiert werden. Unter der Leitung der Autorin befragten drei Mitarbeiterinnen des Grenzlandmuseums, Ursula Langlotz, Gudrun Romanschtschak und Sigrid Seideneck, mehr als 80 Zeitzeugen nach ihren Erinnerungen an und mit der Grenze zwischen 1945 und der Wiedervereinigung. Sie sammelten die verschiedensten Geschichten und Erzählungen unter der Fragestellung, in welcher Weise die ehemalige deutsch-deutsche Grenze und die Teilung das Leben der Menschen in der Grenzregion prägten und beeinflußten. Die hier dokumentierten Interviews stellen eine Auswahl dar. Sie wurden zur besseren Lesbarkeit von der Autorin gekürzt und bearbeitet. Auf Wunsch einiger Zeitzeugen wurden deren Erzählungen mit einem Pseudonym versehen.

Die Autorin möchte sich an dieser Stelle sehr herzlich beim Vorstand und der Geschäftsführung des Grenzlandmuseums Eichsfeld bedanken, die nicht nur das gesamte Zeitzeugenprojekt initiiert haben, sondern der Autorin die Abschriften der Interviews und Fotos zur Verfügung stellten sowie ihr den Zugang zum Archiv des Museums ermöglichten. Gleichzeitig dankt sie den Interviewerinnen und Mitarbeiterinnen des Zeitzeugenprojekts für ihr Engagement und die gute Zusammenarbeit. Ferner sei allen Zeitzeugen sehr herzlich für ihre Mitarbeit und ihre Bereitschaft gedankt, ihre Interviewauszüge veröffentlichen zu dürfen. Auch bei allen anderen, die das Buchprojekt mit Fotos, Hinweisen und Anregungen unterstützt haben, bedankt sich die Autorin an dieser Stelle sehr herzlich für ihre Hilfe.

Schließlich gilt der Dank auch dem Sutton Verlag für die Aufnahme der Zeitzeugenprotokolle in die Reihe *Erzählte Geschichte* sowie der Lektorin Kerstin Kaiser für ihr Engagement.

Die Grenze wird gezogen

Die im Februar 1945 in Jalta von den Alliierten beschlossene Aufteilung Deutschlands in Besatzungszonen entlang alter Provinz- und Ländergrenzen hatte die Teilung des ehemaligen Fürstentums Eichsfeld zur Folge. Die hier seit dem 19. Jahrhundert bestehende Verwaltungsgrenze zwischen den preußischen Provinzen Hannover und Sachsen wurde zur Demarkationslinie zwischen der britischen und sowjetischen Besatzungszone und damit zur Grenze zwischen Ost und West. Sie zerschnitt mit dem Eichsfeld eine Region, in der die verwandtschaftlichen, sozialen und wirtschaftlichen Verbindungen der Menschen aufgrund ihrer Geschichte, insbesondere ihres katholischen Glaubens, besonders eng waren.

Nach Ende des Krieges waren die Demarkationslinien zwischen den Besatzungszonen zunächst gesperrt. Ziel war es, die großen Flüchtlingsströme leiten zu können. Erst ab Ende Oktober 1946 konnte man durch die Einführung eines Interzonenpasses die Demarkationslinien in beschränktem Umfang legal überqueren. Handwerker, Arbeiter, Schüler, Lehrlinge überschritten die Grenze, um zu ihren Arbeitsstätten oder in die Schule zu gelangen. Der Grenzübertritt war ohne Interzonenpaß zwar nicht erlaubt, trotzdem wurden auch ohne Genehmigung weiter enge und vielfältige Kontakte über die Grenze hinweg gepflegt.

Bauern konnten in dieser Zeit auch ihre Ländereien noch in der jeweils anderen Zone bearbeiten. Daneben gab es einen Verkehr »schwarz über die grüne Grenze«. Viele versorgten sich auf Hamsterfahrten in der britischen Besatzungszone mit Nahrungsmitteln. Grenzgänger führten Gruppen von Flüchtlingen oder sogenannten »Hamsterern« illegal über die grüne Grenze. Schwarzhändler und Schmuggler verschoben große Mengen von Nahrungsmitteln und begehrten Gebrauchsgütern von einer Besatzungszone in die andere. Bestechungsversuche an Soldaten, aber auch Verhaftungen und Todesfälle an der Grenze waren an der Tagesordnung.

Trotz der beschriebenen Durchlässigkeit der Demarkationslinie strebten die drei Westzonen und die sowjetische Besatzungszone politisch und ökonomisch immer weiter auseinander. Mit der Währungsreform im Jahre 1948 und den Staatsgründungen in Bonn und Ost-Berlin 1949 wurde die Teilung besiegelt.

Aber gut, wir sind damit fertig geworden.

Es war am 8. April 1945, ich weiß sogar die Uhrzeit noch, um 19.30 Uhr fuhr der erste amerikanische Panzer auf die Kreuzung, stellte sich dort hin. Wir hatten ein großes Bauernhaus mit einem Gewölbekeller, da saßen auch alle Nachbarn, weil wir dachten, wir würden beschossen, aber es verlief ohne Beschuß. Nach einer Weile fuhren mehrere Jeeps vollbesetzt mit Soldaten dahinter und verteilten sich in den Straßengräben. Dann beschlagnahmten sie einige Häuser, die sie als Wohnung brauchten, und von meinem Vater ein Feldstück von über einem Hektar für ihre Unmengen von Fahrzeugen, die sie dabei hatten, von Panzern angefangen, über Lkw, die Jeeps gar nicht zu zählen. Die zogen in die Häuser und blieben einige Tage. Die Kampftruppe zog dann weiter, die Häuser wurden einfach so liegengelassen, die sahen böse aus, die hatten sie böse zugerichtet. Sie hatten sie auch gleichzeitig als Toilette benutzt, egal wo. Das Verhältnis zu den Soldaten war gut. Ich war 14 Jahre alt, wir hatten so etwas ja noch nie gesehen. Wir sind dort hin und wurden von denen beschenkt, wir bekamen Schokolade und Kaugummis. Sie hatten auch ein Ballspiel dabei, mit einem dicken Handschuh, das kannten wir auch nicht, das haben sie auch mit uns gespielt. Wir können uns nicht beklagen, der Amerikaner war als Kriegsgegner gegenüber der Zivilbevölkerung sehr, sehr anständig und sehr human.

Ende August kamen dann russische Soldaten, Rotarmisten, zu uns ins Dorf. Sie kamen mit drei Gespannen Pferde mit ein paar klapprigen Wagen dahinter, die Füße ohne Schuhe, eingewickelt in Stoffetzen und einem Wickelband bis zum Knic. Dic quartierten sich auch in einem Haus ein, und was sie zum Leben benötigten, im Gegensatz zu den Amerikanern, das holten sie sich bei uns, bei der Bevölkerung im Dorf. Sie ließen ein Haus räumen und richteten dort eine Kommandantur ein. Ein etwas besser gekleideter Soldat sagte, er sei der Kommandant. Er ging mit zwei Soldaten, die bewaffnet waren, durch den Ort in jedes Haus, beschlagnahmte alles, was sie brauchten und alles, was ihnen gefiel. Es wurde gesagt, dieses Bett, diesen Tisch, diese Stühle, das Radio, das Fahrrad, Eßbares. Sie machten auch die Schränke auf, Eßbares und vor allen Dingen Alkohol, das war ihnen sehr wichtig. Ansonsten haben sie uns persönlich nicht belästigt, auch nicht wie man in den letzten Kriegstagen hörte, die Frauen, sie haben sich sonst normal benommen. Bloß sie hatten ja nichts, und leben mußten sie ja nun einmal, und das haben sie sich halt von uns geholt. Ansonsten ging das Leben erstmal normal weiter. Wir konnten unsere Felder bewirtschaften, wir konnten uns am Tage frei bewegen.

Unser Dorf bestand zur Hälfte aus Bauern und zur anderen Hälfte aus Eisenbahnarbeitern, aber die arbeiteten alle in Eichenberg, das liegt im Westen 15 Minuten zu Fuß von uns. Eichenberg war schon immer ein wichtiger Eisenbahnknotenpunkt, weil man von Eichenberg aus in alle vier Richtungen konnte, man konnte durch ganz Deutschland reisen. Ich schätze mal, es waren etwa 70 Arbeiter, die nach Eichenberg gingen, in Göttingen gab es noch ein RAW, hieß das, Reichsbahnausbesserungswerk, dorthin gingen sie auch zum Arbeiten. Als der Russe da war, hat er zwei Grenz-

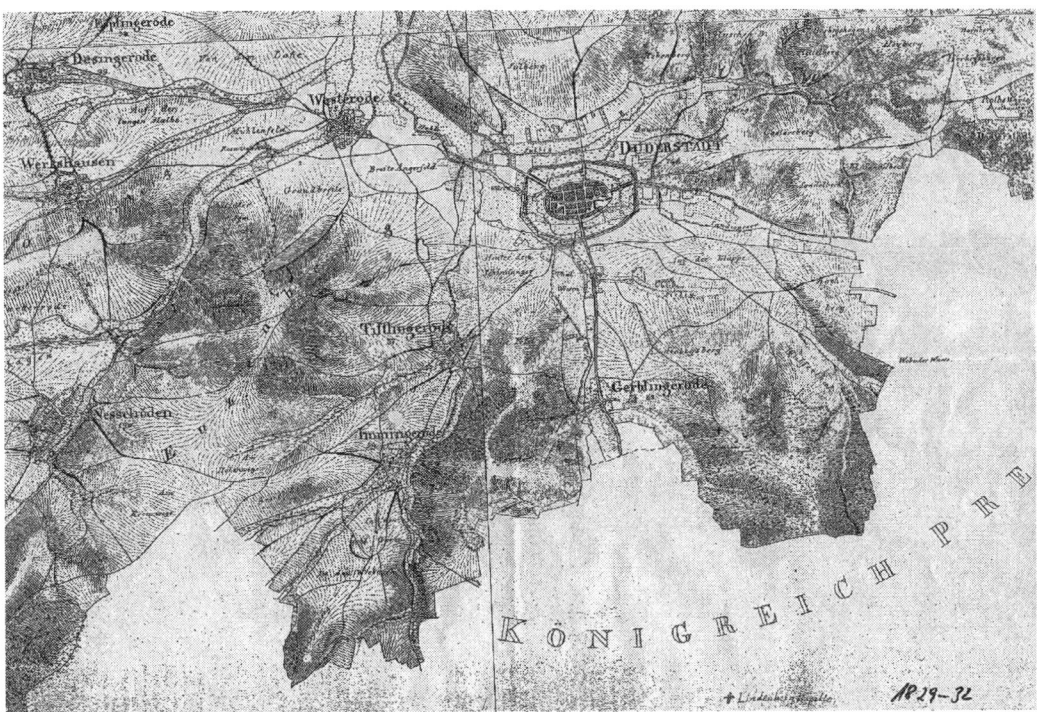

Die Karte zeigt die Grenze zwischen dem Königreich Hannover und dem Königreich Preußen im Eichsfeld, die seit 1816 das ehemalige Fürstentum teilte. Entlang dieser Grenzlinie zogen die Alliierten 1945 die Demarkationslinie zwischen der britischen und sowjetischen Besatzungszone. An einigen Stellen ignorierten sie die alte Grenze und änderten den Verlauf der Demarkationslinie.

übergangspunkte eingerichtet, diese Kontrollpunkte mußte man benutzen. Es wurden einfache Scheine ausgegeben, Zettel, da stand der Name drauf, und man konnte ohne Schwierigkeiten diese Kontrollpunkte benutzen, man konnte dort durchgehen. Dieser Zettel wurde dann eingezogen, und wenn man zurückkam, egal wann, kriegte man den wieder.

Hier und da lernte man sich nach und nach kennen, und es bildeten sich wirklich auch kleine Freundschaften mit diesen russischen Soldaten. Ich glaube, die mußten auch in den Krieg und waren ganz normale Menschen. Und mit den Soldaten, mit denen man so ein bißchen befreundet war, der Junge hatte einen, oder meine anderen Kameraden hatten jeder einen, zu dem gingen sie auch essen und waren gleichzeitig versorgt. Aber nicht alle, es gab auch einige, die waren ständig betrunken, randalierten im Dorf, bedrohten die Leute, einer stand einmal vor meinem Vater mit einem Messer. Sie wollten immer wieder Alkohol, und wir hatten auch nicht so viel, wir hatten ja auch nur das Nötigste, sie wollten immer wieder Alkohol und Eßbares. Aber gut, wir sind damit fertig geworden.

Diese russischen Besatzungssoldaten waren aber nicht lange alleine da, ein paar Monate hat es gedauert, dann kamen auch deutsche Grenzsoldaten in blauen Uniformen. Die kriegten extra nochmal ein Haus und taten gemeinsamen Dienst mit den russischen Soldaten, die waren viel, viel strenger als die Russen. Die Russen, die waren ganz einfach zu bestechen, eine Flasche Schnaps und dann hat der einen noch begleitet bis zur Grenze. Es entwickelte sich auch ein kleiner Grenzverkehr mit Beziehung, mit Schiebung. Alle Bauern im Dorf haben Flüchtlinge gekarrt, immer nach Arenshausen auf den Bahnhof, da war der ganze Bahnhof voll. Da brauchte man nur hinzufahren, und früh, wenn schlechtes Wetter war, haben wir die Flüchtlinge rübergefahren bis nach Friedland. Die kamen alle nach Friedland ins Aufnahmelager, Heimkehrer. Wir haben auch Vieh verschoben, wir haben auch Vieh rübergebracht in den Westen. Das wollte man drüben hinstellen, weil es hier beschlagnahmt wurde. Uns hat man auf einmal drei Kühe beschlagnahmt für diese russischen Besatzungssoldaten. Es wurden Leute rübergebracht, es wurden Dinge, die man in den damaligen Westzonen schon hatte und die es bei uns noch nicht gab, wie Dünger für unsere Felder und andere Kleinigkeiten, auf dem Rückweg wieder mitgebracht. Das ging alles ohne Schwierigkeiten, solange der Russe alleine war. Als diese deutschen Grenzsoldaten dann auch bei uns waren, waren sie damit nicht einverstanden und haben sich auch mit den Russen gestritten, weil der Russe sagte: »Laß doch«, mit ihrem gebrochenen Deutsch. Es ging dann nicht mehr ohne Gefahr.

Jeder, der im Ort wohnte, hatte einen Grenzschein. Es waren zwei Übergänge eingerichtet, über das freie Feld durfte man nicht gehen, das war verboten. Es wurde auch, als die deutschen Grenzsoldaten da waren, schon ein Zaun gezogen, wie ein Viehzaun, nur einfach ein Zaun mit vier Stacheldrähten übereinander, weiter nichts. Und das direkt an der Grenze, ohne Todesstreifen, ohne alles andere, was wir nachher gekriegt haben. Man sollte eigentlich diese Grenzübergangspunkte benutzen, da hatte man, solange die russischen Soldaten alleine waren, gar keine Schwierigkeiten, Schein abgegeben, »Dawai« (los, schnell), dann konnte man weiterfahren. Als man zurückkam, wurde man angehalten, da guckte der: »Name?«, Paßbild war nicht drauf, der Name genügte, das ist mein Schein, dann kriegte man den Schein wieder. Auch ich hatte einen, mein Vater hatte einen, alle, die das so gemacht haben, hatten einen Schein. Es gab auch Bauern, zu denen gehörten wir nicht, die einen Teil ihrer Ländereien in der Westzone hatten. Die konnten sie auch noch bewirtschaften. Sie haben diese Produkte, Getreide oder Rüben, was da angebaut war, auch eingefahren, haben das ihrem Vieh gefüttert, aber das wurde allmählich immer schwieriger.

Im Frühjahr 1946, nach einem verbotenen Grenzgang, wurde ich verhaftet und auf die Kommandantur eines Ortes im Dreiländereck gebracht. Bei der Vernehmung bin ich wohl ein bißchen ausfällig geworden, habe mich beklagt, wie man mit einem Menschen so etwas machen kann. Auf einmal schaltete der Vernehmer um, brach das Interview ab: »Einsperren, Spion!« Ich wurde eine Nacht eingesperrt. Am nächsten Tag wurde ich mit dem Fahrzeug, da waren noch zwei Leute dabei, zwei Dörfer weiter gefahren und dort wieder eingesperrt. Mir wurde klar, und auch den anderen durch das Erzählen,

daß wir schon aussortiert waren für die Internierungslager. Da wurde auf Alter und Gesundheit keine Rücksicht genommen. Ich hatte aber Glück, daß ich da rauskam, denn als wir weitertransportiert werden sollten, kam ein russischer Soldat, der mich kannte, der eine Weile bei uns als Besatzungssoldat gewesen war und mich fragte, was ich getan hätte, daß ich hier in dem Keller sitze bei diesen Leuten. Als ich ihm das erzählt hatte, machte er die Tür wieder zu. »Ich komme gleich wieder.« Er kam wieder, hatte meinen Ausweis und sagte: »Sofort nach Hause, aber nicht Straße.« Ich kannte mich in der Flur aus und bin nach Hause gegangen und habe kurz mit meinen Eltern gesprochen. Auch sie waren der Meinung: »Junge, am besten Du gehst, die kommen und holen Dich wieder.« Da bin ich schwarz über die Grenze, das war 1946. Da hatte ich die mittlere Reife bereits erreicht, konnte aber im Westen nicht weiter studieren. Daher habe ich bei einem Bauern eine landwirtschaftliche Lehre angefangen, die dauerte drei Jahre. Danach habe ich die Lehre abgeschlossen und habe mich auf größeren Betrieben beworben als Eleve, das war Lehrverwalter. Ich bekam ganz schnell über die Zeitung ein Angebot in einem Dorf, dort habe ich als Verwalter gearbeitet. Zwischenzeitlich habe ich geheiratet, es war ein Kind unterwegs, und von zu Hause kamen immer die Briefe: »Junge komm wieder, ich schaffe das Soll nicht mehr allein.« Weihnachten 1954 hat mein Vater für meine Frau, die schwanger war, die Einreise beantragt, damit sie mal sehen konnte, wo meine Heimat war. Wir sind hingefahren, sind aber noch einmal zurück und am 15. April 1955 legal mit ordentlicher polizei-licher Abmeldung über die Grenze Bebra/Eisenach wieder nach Hause gegangen. Unser Betrieb von noch gut 20 Hektar wurde geteilt, das Soll war damit automatisch halbiert, und wir wurden wieder lebensfähig.
Hans-Heinrich Busse,
Göttingen, Jahrgang 1931

So wurde in den Jahren von der Armut Geld gemacht.

1945 kam ich von Königsberg aus als Schwerverwundeter durchs Lazarett Mühlhausen in meinen Heimatort Berlingerode, wo ich bis zu dem Einzug der Russen meine Zeit verbracht habe. Da ich von 1941 bis 1945 gegen die Russen gekämpft habe, habe ich mir gesagt: Hier bleibst du nicht, du haust ab nach Gerblingerode, wo meine Frau herstammt. Nun sollte ich zu Hause das Haus übernehmen, das neu gebaute Haus, aber die Freiheit ging mir zu nahe. Ich wollte frei sein. So bin ich dann beim Abrücken der Amerikaner und Einrücken des Russen nach Gerblingerode abgehauen. Ich habe mich aber nicht abgemeldet, sondern habe als Haupwohnsitz Berlingerode behalten, als Zweitwohnsitz Gerblingerode. So bin ich die erste Zeit hin und her gependelt und habe mich drüben in Berlingerode weiter betätigt, weil ich Interesse hatte, dort zu bleiben, das Elternhaus anzunehmen oder neu zu bauen. Daher wurde mir 1945 durch die Bodenreform ein Bauplatz von der Gemeinde zugeteilt, weil ich wieder zurück nach Berlingerode wollte. Ich bin dann aber in Gerblingerode geblieben, weil es sich nicht änderte. Die Grenze wurde immer schärfer kontrolliert, es wurde immer schwieriger, man kam nicht mehr nach drüben. So habe ich mir meine Existenz hier unten aufgebaut im Westen.

Nach meiner Ausbildung in einer Polizeischule bin ich versetzt worden von Hannover nach Göttingen, von dort wurden wir teilweise zur ehemaligen Grenze Teistungen, Gerblingerode, Duderstadt abkommandiert. Wir hatten dort die Flüchtlingszüge zu beaufsichtigen, die in Teistungen sowie in Gerblingerode ankamen. Die Flüchtlinge wurden hinübergeleitet und den Russen übergeben. Wir wurden von Göttingen angefordert, diese Flüchtlinge bis zur Grenze, bis zur Übernahme zu begleiten. Es waren Tausende von Flüchtlingen, die abgefertigt werden sollten. Der Russe nahm bloß pro Tag so und so viel an, und dann war Schluß, da mußten die

anderen restlichen Flüchtlinge wieder zurück und wurden in unserem Ort verteilt, in den Scheunen, in Zimmern, so zum Beispiel bei uns, wo ich schon zur Miete wohnte bei meinem Schwiegervater, auf dem Fußboden mußten die Flüchtlinge schlafen. Der Rest wurde nach Duderstadt gebracht ins Lager, ins ehemalige Beutelager, wo Fremdarbeiter gewohnt hatten. So kamen wir mit den Flüchtlingen eng in Berührung. Ich bin selbst persönlich ein paarmal drüben gewesen, weil ich Russisch konnte, und habe mich mit dem russischen Kommandanten sehr gut, in Hierbecks Mühle haben sie gelegen, unterhalten können. Kam dann mit Flüchtlingen mit Gepäck bis nach Teistungen zum Bahnhof und bin auch wieder mit diesen Leuten von Gerblingerode zurückgekommen.

Treck durch Gerblingerode im Jahre 1946, dem letzten Ort in der britischen Besatzungszone vor dem Übergang nach Teistungen. Vom Teistunger Bahnhof aus konnten die Menschen mit dem Zug zu ihren Zielorten weiterfahren.

Diese Flüchtlinge, die hier von der britischen Besatzungszone den Russen übergeben wurden, waren zu 40 bis 50 Prozent ehemalige Kriegsgefangene, die in England, Frankreich entlassen worden waren. So habe ich selbst meinen ehemaligen Unteroffizier hier am Grenzübergang getroffen. Diejenigen, die von Teistungen nach Duderstadt herunter kamen, waren Zwangsevakuierte, die wegen der Bomben aus dem Rheinland nach Thüringen und Sachsen gekommen waren. Das war ein regelrechter Austausch.

Es sind auch Flüchtlingsschleppkolonnen gebildet worden, und zwar fingen die schon am Bahnhof Leinefelde an. Da standen Schleuser, die sich für die Flüchtlinge interessierten, die über die Grenze wollten, um sie über die Zonengrenze zu bringen. Die wurden dann durchgeschleust über den Zehnsberg nach Hundeshagen, und von Hundeshagen ging es dann weiter entweder über Teistungen oder Berlingerode über die Grenze. So ist es vorgekommen, daß auch Flüchtlinge, die in Leinefelde aufgegriffen worden sind, die reich an Schmuck waren und auch Wertsachen bei sich hatten, den Russen zugespielt wurden. So ist es vorgekommen, daß der Russe dann plötzlich auftauchte vor Berlingerode oder vor Teistungen, im Eichberg hinten. Die Frau wurde dann ausgeplündert, auf deutsch gesagt. Wenn sie ihr letztes Hab und Gut abgeliefert hatten, wurden sie über die Grenze weg abgeschoben. Es ist auch vorgekommen, daß man zwei Frauen gefunden hat, ob die erschlagen oder erschossen worden sind, das kann ich nicht genau sagen. Eine soll im Eichberg gefunden worden sein, die hatte man auch ausgeplündert. Ob sie nun der Russe

erschlagen hat oder Einheimische, das weiß ich nicht. Eine hat man im Pferdeberg gefunden. So wurde in den Jahren von der Armut Geld gemacht. Ich habe selbst Flüchtlinge rübergeholt, unter eigener Lebensgefahr. Von Göttingen, vom Dienst gekommen, habe ich im Bus gesessen, wurde ich angesprochen: »Herr Wachtmeister, wissen Sie, wo man am besten über die Grenze kommen kann?« Und so habe ich nicht einmal, mehrmals Flüchtlinge rübergebracht, bin nachts über die Grenze gegangen mit denen und mußte den anderen Morgen wieder zum Dienst. DDR-Gebiet zu betreten war mir verboten. Und ich habe es trotzdem getan.

Das war 1946/47 in den Jahren. Ich kannte ja diese Gegend hier, kannte jeden Strauch. So ist es mir einmal passiert: Über den Pferdeberg hatte ich vier Frauen und zwei Männer bei mir, es hat gedonnert und geblitzt, war so Ende Mai, Anfang Juni. Und bei schlechtestem Wetter bin ich da rüber, bin ja nun fronterfahren, weil ich alter Soldat bin. Wir haben uns vorgearbeitet, nachts zwischen den Äckern durch, und kamen dann bis an den gefährlichsten Punkt, wo der russische Turm, also der russische Beobachtungsposten, stand. Den kannte ich, wo der immer sich aufhielt von Teistungen hoch, am Mauseberg nennt sich das. Ich bin dann liegengeblieben, 50 Meter vor denen. Die lagen in der Schlucht, und ich habe gesagt: »Wenn ich Zeichen gebe, immer auf Sichtzeichen bleiben, dann geht's weiter, wenn ich so mache, dann also kommen, und wenn ich die Hände so mache ...«, dann durfte keiner sprechen. Einmal bin ich keine 50 Meter an den Russen ran gewesen, wäre denen bald in die Finger gelaufen, da ist folgendes gewesen: An dem Feldweg von

Grenzstein des Königreichs Hannover (KH) aus dem 19. Jahrhundert.

Teistungen nach Berlingerode saßen sie hinter einem Dornenbusch. Erst habe ich was murmeln gehört, ich dachte, die gehen auf dem Feldweg hoch, und wo wir näher kamen, da rieche ich den Machorka (russischer Tabak), weil ich als Lanzer noch den Geruch in der Nase hatte. Und so habe ich erkannt, daß der Posten hinter dem Busch saß. So haben wir dann einen großen Bogen gemacht, 300 bis 400 Meter ausgeholt, so lange, wie sie unter dem Busch saßen, kamen sie uns nicht entgegen. Und so sind wir dann nach Berlingerode reingekommen.

1945, wo die Grenze gezogen wurde, bin ich dabeigewesen. Ein russischer Major mit einer großen Raupe und einem großen Pflug dahinter kam von Ecklingerode hierher nach Gerblingerode herunter. Der Gemeindedirektor von hier war mit dabei und ein paar Rentner hier aus dem Ort sowie ich. Mich hatte man geholt, weil ich etwas Russisch konnte, ich sollte dort mal ein bißchen gucken. Jetzt fragt man sich immer, warum macht die Grenze so einen komischen Knick da. Der Lindenberg gehörte ja zu Duderstadt, und das ganze Klosterland, das gehörte zu Teistungen. Der richtige Grenzstein KH (Königreich Hannover) und KP (Königreich Preußen) stand unten am Friedhof. Und dann läuft die Grenze zurück bis unten hin an die Hahle, zwischen den beiden Hahlen hat man früher gesagt, da war der Klostergemüsegarten, da wurde das Gemüse gezüchtet, bis dahin ging die Grenze. Die Grenze ist begradigt worden. Der Major hatte seine Karte oben auf seiner Zugmaschine liegen und fand sich nun nicht mehr zurecht. Das geht immer Zickzack rauf und runter, hin und her. Das ist doch klar, wenn man fremd ist, weiß man gar nicht, wo die Grenze langgeht. Kein Engländer war dabei, und da sage ich noch: »Das Klosterland, das gehört alles Arbeitern, Proletariern, die haben das Land vom Kloster gepachtet.« Da hat der Major einen Pächter geholt, er sollte mal zeigen, wo sein Land ist. Wo die vier Wege sind, wo das Klosterholz anfängt und wo der Turm gestanden hat, hat der seinen Gehstock hingesteckt: »Das ist das Land in der Ecke.« Da hat der Major gesagt, »Oh, Pan, Du choroscho!« (gut, alles in Ordnung), »Dawei!« (los, schnell), und dann hat er den Maschinisten angebrüllt. Vor dem Gehstock hat der seinen Streifen gezogen, dann ist er runtergekommen, wo jetzt unten die B 247 läuft, mitten durch das Klosterland. Unten vorm Dorf mußte er regelrecht drehen. So ist die Grenzbegradigung entstanden. Dann sagte der Gemeindedirektor:

»Der ist aber ganz großzügig, da fallen ja ein paar 100 Morgen Land hierher.« Ich sage: »Ja, wir können nichts dagegen tun, im Gegenteil, wir müssen froh sein, wenn wir das Land bekommen haben.« Dann ist der Major über die richtige Grenze gegangen, und im Mühlental, Pferdeberg, hat er wieder die richtige genommen. Aber da unten, das ganze Schnippelkram, das hat er einfach weggenommen.
Willi Casper,
Gerblingerode, Jahrgang 1921

Ehemaligen Soldaten habe ich grundsätzlich nichts abgenommen.

Ich habe dort Grenzgänger gespielt und habe manchmal eine ganz schöne Menschenschlange hinter mir gehabt. Die meisten waren ehemalige Soldaten, denn in Gerblingerode, das hatte sich wohl rumgesprochen, ging es sehr, sehr schlecht über die Grenze. Daher kamen sie alle Richtung Imminge-rode. Es hatte sich auch herumgesprochen, daß ich dort ein bißchen den Grenzgänger gespielt habe, da war ich nun schon langsam bekannt. Ich weiß ja, in welcher Situation ich einmal war, und wollte anderen Menschen helfen. Es war nicht immer Freude, es hat manchmal auch böse Überraschungen gegeben. Ich bin auch mal geschnappt worden auf dem Rückweg von Teistungen, da hat man mir meine Seestiefel ausgezogen, und ich mußte ein Paar Halbschuhe anziehen, die der Russe einem anderen Zivilisten aus dem Koffer gezogen hat. Zum Glück haben sie einigermaßen gepaßt, aber ich war meine schönen Seestiefel los. Zur Kommandantur brauchten wir nicht, die Russen haben uns dann

Horst Leipert als Soldat bei der Marine während des Zweiten Weltkrieges. Ursprünglich in Rade-berg in Sachsen ansässig, kam er nach Ende des Krieges ins Eichsfeld.

gehen lassen. Was die Russen sozu-sagen für sich gebrauchen konnten, haben sie natürlich alles mitgenom-men. Der größte Knüller war immer der, möglichst erstmal die Hände hochheben, dann fielen die Ärmel nach unten, und sie haben gesehen, wer eine Armbanduhr an der Hand hatte, da haben sie die Armbanduhren meistens alle wegorganisiert. Auch meine Armbanduhr hatte man organi-siert. Der Eine hatte noch Spaß an der Freude gehabt, der hat sogar gezeigt, wieviel Armbanduhren er links und rechts am Arm hatte. Ich glaube, es waren mindestens 15 bis 20 Stück.

Grenzgänger bin ich so 150- bis 200-mal gewesen, wenn nicht eher mehr, denn ich bin praktisch bei jedem Wet-

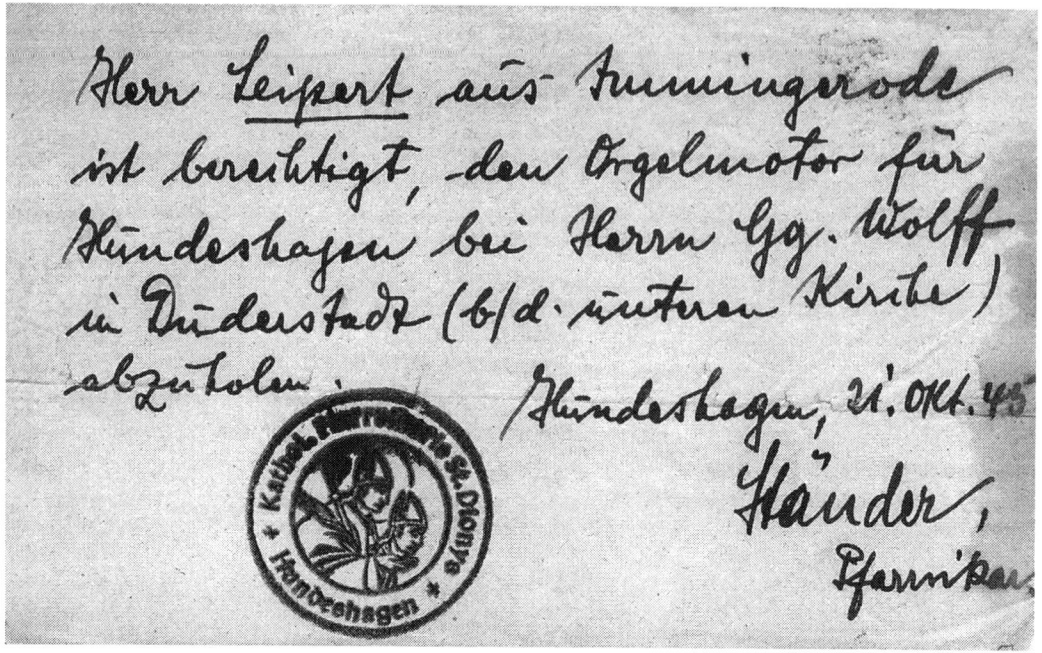

Als Grenzgänger transportierte Horst Leipert auch einen Orgelmotor über die Demarkationslinie in die sowjetische Besatzungszone zurück. Der Motor der Orgel der St.-Dionys-Kirche in Hundeshagen war zur Reparatur nach Duderstadt in die britische Zone gebracht worden.

ter rübergemacht, wenn man mich gefragt hat. Zweimal bin ich zurückgegangen, beim ersten Mal hatte ich so an die 80 Personen hinter mir. Da habe ich einen Russen entdeckt von weiter Ferne, der hat sich gerade eine Zigarette angezündet, denn ich wußte genau, wo sie standen. Da bin ich zurück und habe es in der nächsten Nacht wieder versucht. Inzwischen haben sich in Immingerode so viele Leute eingefunden, welche gern rüber wollten. In dieser Nacht hat es auch nicht geklappt, da war die Grenze dicht. Wahrscheinlich waren Parolen ausgegeben worden von den Russen, daß sie möglichst viele schnappen sollten. Das habe ich bemerkt und bin wieder zurück. In der dritten Nacht hat es dann endlich geklappt. Das können circa 200 Mann gewesen sein, die

ich hinter mir hatte, die habe ich alle bis nach Teistungen an den Bahnhof gebracht. Wenn ich in Teistungen auf dem Bahnhof war, habe ich auch wieder Leute mit zurück genommen Richtung britische Besatzungszone.

Ehemaligen Soldaten habe ich grundsätzlich nichts abgenommen. Ich habe aber gesagt, wer mir mal ein kleines Taschengeld mitgeben kann. Meistens waren es Leute, die Geld übrig hatten, denn das Geld war damals im wahrsten Sinne des Wortes nicht viel wert, denn man bekam ja kaum etwas zu kaufen. Aber ich mußte ja auch von irgendwas leben, und man wollte auch mal ins Kino gehen, man wollte auch mal irgend etwas trinken gehen. Ich habe im Schnitt 10 Mark bekommen, manche waren natürlich auch spendabler, da habe ich auch mal einen

20-Mark-Schein bekommen. Güter habe ich nicht geschmuggelt, ich habe nur Leute rüber und 'nüber gebracht. Als ich einmal von Leinefelde kam, bin ich über den Zehnsberg durch Hundeshagen gekommen, da hat mich in Hundeshagen ein gewisser Herr Pfarrer Ständer angesprochen, ob ich gewillt wäre, den Orgelmotor aus Duderstadt von der Firma Wolf zurückzuholen nach Hundeshagen. Da hat er mir auch eine Bescheinigung ausgestellt, daß ich berechtigt bin, den Orgelmotor von der Firma Wolf an der unteren Kirche abzuholen. Das habe ich auch getan. Ich habe ihn in meinen Seesack reingestopft. Aber da vergingen noch einige Tage, bis ich wieder des Nachts, nach Mitternacht, über die Grenze gegangen und frühmorgens in Hundeshagen angekommen bin. Es waren immer ganz schöne Märsche. Es hat damals, gerade in dieser Nacht, sehr stark geregnet, und ich war pitschnaß.
Herr Leipert,
Duderstadt, Jahrgang 1921

Das war alltäglich, daß Grenzgänger aufgegriffen worden sind.

Heute vor 50 Jahren habe ich einen jungen Mann kennengelernt, der später mein Mann wurde, und zwar hier in Teistungen, im Keller der Russen, in der Hierbeckschen Mühle. Ich war von Duderstadt gekommen mit einer Gruppe anderer Grenzgänger, wurde von den Russen festgehalten und in diese Mühle gebracht. Wir haben im Keller gesessen von mittags bis gegen Abend, wurden dann, als mehrere zusammenkamen, nach Teistungen gebracht, das heißt, wir mußten zu Fuß laufen. Als wir auf dieser Kommandantur waren, wurden wir gefragt, wo wir herkommen und was wir in unserem Rucksack hatten. Wir mußten alles raustun, das waren acht bis zehn Büchsen Kaninchenfleisch, die mein Bruder eingekocht hatte, weil der auf einem Bauernhof lebte und uns unterstützen wollte. Er sagte: »Diese Kaninchenbüchsen, die gebe ich Dir mit, diesen Sirup und noch Lebensmittel, damit Ihr für eine Woche besser leben könnt.« Dieses alles mußten wir vorzeigen, aber weggenommen haben sie uns eine Büchse, nur eine. Vielleicht hatte der ja Appetit darauf und wollte eine persönlich für sich haben, kann man ja auch verstehen. Ich jedenfalls bin gut dabei weggekommen, daß man mir nichts weiter weggenommen hat, auch die Schokolade hat man mir gelassen. Hat er vielleicht nicht gekannt. Man hat uns kein Leid angetan, man ist auch nicht behandelt worden, daß man sagte, die waren brutal, das nicht. Das war alltäglich, daß Grenzgänger aufgegriffen wurden, die wurden gesammelt und nach einer gewissen Zeit durften die dann wieder weiterwandern. Sie (sowjetische Besatzungssoldaten) waren in der Zeit, 1948, human. Ich kann nicht sagen, daß die Russen uns belästigt hätten, auch mich als junges Mädchen nicht, wo ich immer eine Heidenangst hatte.

In der russischen Kommandantur mußten wir wieder warten in einem Keller, wo wir uns auf Holzklötze setzen durften und die Zeit bis um 12 Uhr nachts irgendwie zubringen mußten, mit Erzählen mit den anderen, wo wir herkamen, wo wir hinwollten und dergleichen. Damit hat man sich ein bißchen die Zeit vertrieben. Nachts um zwölf wurden wir entlassen, da kamen die Russen, riefen uns einzeln

Die Untere Mühle des ehemaligen Zisterzienserinnenklosters Teistungenburg (»Hierbecksche Mühle«) in den dreißiger Jahren. Im Keller des Mühlenturmes wurden in den Nachkriegsjahren immer wieder Grenzgänger für kurze Zeit von sowjetischen Besatzungssoldaten festgehalten.

auf anhand unserer Ausweise, die wir dann wiederbekamen. Der junge Mann, der mit in dem Keller saß, der sagte vorher zu mir: »Falls ich eher rauskommen sollte oder aufgerufen werde, da warte ich auf Sie, denn es ist ja Mitternacht. Das ist ja furchtbar, jetzt ganz allein durch den Wald zu gehen von Teistungen nach Worbis.« Der junge Mann hat es tatsächlich wahr gemacht. Ich wurde als Allerletzte aufgerufen, durfte aus dem fast dunklen Keller aufstehen und meinen Paß, meinen Ausweis in Empfang nehmen. Und draußen stand der junge Mann und hat mit noch jemandem gewartet, daß wir nicht ganz allein waren. Wir sind dann zu Fuß in die Richtung gegangen, da hieß es rechts, links, rechts, geradeaus, ja, wo ist hier das, alles wo's dunkel war. Wir haben uns natürlich verlaufen und sind statt nach Worbis nach Berlinge-

rode gekommen. In Berlingerode stand ein sehr, sehr alter Bauer in der Tür seines Bauernhauses. Ich fragte ihn: »Wo geht's denn hier nach Worbis?« Da sagt der: »Ach, Du, Mädchen, da biste aber völlig verkehrt, da mußte wieder zurückgehen, wieder in Richtung Teistungen.« Endlich hatten wir die richtige Fährte gefunden und die richtige Straße. Unterwegs bin ich noch ganz ängstlich stehengeblieben, da kam nämlich von rechts her ein Reiter, es war ganz leise. Ich nehme an, daß der die Hufe umwickelt hatte mit Tüchern, damit man den Hufschlag nicht hören konnte, da ging das ganz lautlos. Vom Feldweg setzte der über die Straße Richtung Duderstadt. Als ich das sah, sagte der junge Mann: »Schnell an die Bäume, damit man da stehen kann, als ob das ein dicker Baum wäre, damit keine Bewegung ist.« Es konnte ja auch irgendeiner sein, der die Gegend auskundschaftet, Polizei, berittene Polizei, wer weiß. Jedenfalls haben wir uns an die Bäume gestellt, mit Herzklopfen, und der kam ganz leise vorbei, aber in großen Pferdesprüngen. Da habe ich an das Gedicht gedacht – »Erlkönig«: »Wer reitet so spät durch Nacht und Wind?« Wir sind dann doch glücklich die Nacht durchgegangen ohne Unterbrechung. Einmal kam ein Fahrzeug von Richtung Worbis, da haben wir uns in den Graben geworfen, damit man uns nicht sehen konnte, denn man war ja immer noch in der Gefahrenzone. Wir sind dann nach Worbis gekommen, dort gegenüber dem Bahnhof war ein Gestrüpp, da haben wir uns versteckt, wir drei Personen – die Frau, der junge Mann und ich. Wir waren immer in Angst, es könnte noch einmal eine Kontrolle kommen. Als der Morgen graute, sind wir ins Bahnhofsgebäude rein, nachdem man wußte, es wurde geöffnet. Diese Frau hat noch unterwegs ihren Absatz verloren und ging immer tapp, klapp, tapp, das höre ich heute noch in der Dunkelheit, auf der Straße, dieses ungleichmäßige Laufen. Ich bekam sehr arge Schmerzen in meinem linken Arm. Es war dann dermaßen stark, daß ich überhaupt nicht mehr diesen Eimer Sirup tragen konnte. Das war so ein ganz dünner Henkel, und wahrscheinlich ist der in die Muskulatur der Sehnen hineingeschnitten, der Arm war dann gelähmt. Ich habe ein halbes Jahr gebraucht, bis ich den wieder in Ordnung hatte. Da fragte der junge Mann noch, wo jeder hin will. Ich sagte: »Ich habe einen ganz kurzen Weg, ich wohne nicht weit von Worbis in einem Ort, der heißt Dingelstädt. Der ist wirklich nicht weit entfernt, das ist ein Klacks.« Das war alles,

was ich gesagt habe. Wir haben uns in Worbis verabschiedet, ich bin in den Zug gestiegen. Gott sei Dank, daß ich sitzen konnte. In Leinefelde habe ich meinen Vater angerufen, der hat mich abgeholt. Ich war fix und alle. Einen Rucksack und einen Eimer, so einen Blecheimer mit Sirup, die ganze Zeit getragen, das geht in die Hände. Und diese Schmerzen in dem Arm, ich war froh, daß der Vater kam und mich holte. Er hat mich sofort zum Arzt gebracht. Ich hatte eine Nervenlähmung.

Eines Tages kam ein Brief, da sagte meine ganz gestrenge Mutter: »Wer ist das?« Da sagte ich: »Weiß ich nicht, wer das ist.« In dem Brief stellte sich der junge Mann vor als: »Der Eimerträger, der Ihnen half, dieses kostbare Gut bis nach Worbis zu tragen.« So hat er sich ausgedrückt. Das ist der eine Satz, den ich wortgetreu von meinem Mann wiedergegeben habe. Da sagte meine Mutter »Na ja, da mußt Du wenigstens antworten und mußt Dankeschön sagen, wenn der Dir so geholfen hat. Das hast Du uns ja gar nicht gesagt.« »Na ja«, hab' ich dann gesagt, »in der Aufregung, wie das eben da so geht.« Da ist dann ein Briefwechsel entstanden. Und fünf Jahre drauf haben wir geheiratet.
Liesel Müller,
Dingelstädt, Jahrgang 1929

... und die Russen haben uns geschnappt.

Nach meiner Entlassung am 20. August 1945 bin ich mit dem Zug von Flensburg nach Hamburg gefahren. In Hamburg habe ich einen kennengelernt, der kam aus Chemnitz. Ich kam ja aus Radeberg, wir beide sind dann zusammen mit dem offenen Güterzug von Hamburg nach Göttingen gefahren. Damals war in Göttingen der Grenzübergang rüber in die DDR, das heißt in die russisch besetzte Zone. Entlassene Soldaten, welche mit einem Bein oder mit einem Arm in der russischen Besatzungszone waren, hat der Russe damals abgewiesen. Wir haben dann noch einen Kameraden kennengelernt. Der kannte Duderstadt und ist da schon einmal über die Grenze gegangen. Dem haben wir uns angeschlossen. Ich habe zu dem gesagt, der uns führen wollte: »Meiner Meinung nach geht das nicht gut. Die Russen können uns aus wer weiß von welcher Entfernung sehen.« Und genauso war es auch. Wir sind in der Nähe des Lindenberges, kurz vor Gerblingerode, über die Grenze gegangen, und auf einmal, wir waren schon hinter einem großen Gebüsch vorbei, da machte es: »Stoi!« (Halt), und die Russen haben uns geschnappt. Wir wurden von da aus nach Ecklingerode geführt, von dort später am nächsten Vormittag über die Wehnder Warte nach Teistungen. In Teistungen war die Kommandantur, dort wurden wir verhört. In Teistungen haben wir drei Tage im Keller gesessen. Es hieß immer: »Ihr Spion, Ihr müßt wieder zurück.« Aber wir wollten ja gern in die Heimat, wir wollten nach Hause. Und da hat uns der Russe einfach wieder über den Lindenberg in die britische Besatzungszone zurückgeschickt. Nun waren wir wieder in Gerblingerode und haben in der darauffolgenden Nacht versucht, noch einmal über die Grenze zu gehen. Aber da war so viel Schießerei an der Grenze, da haben wir gesagt: »Es hat keinen Zweck, hier rüberzugehen.« In Gerblingerode haben wir den nächsten Tag eine Frau getroffen, die hat uns gesagt: »Ihr müßt hier über den

Berg gehen, das ist der Pferdeberg. Da kommt ihr dann nach Immingerode, da geht es dann leichter über die Grenze.« Wir sind dann nach Immingerode rübermarschiert, mein Bekannter und ich, in der Nacht. So gegen 1 Uhr sind wir von Immingerode Richtung Berlingerode rübergelaufen. Von Berlingerode sind wir Richtung Teistungen gelaufen und dort gut angekommen. Am nächsten Tag fuhr der Zug von Teistungen nach Leinefelde, und von dort ging die Fahrt weiter über Sangerhausen, Halle nach Leipzig. So kamen wir nach zwei Tagen in Halle an, dort ging es in der Nacht weiter nach Leipzig. In Leipzig waren den Russen von einem Transport, es können entweder politische Gefangene gewesen sein oder vielleicht SS-Leute, fünf Mann stiften gegangen. Da sind die Russen auf dem Bahnhof rumgelaufen: »Du kommst mit, Du kommst mit, Du kommst mit. Dawei, dawei, dawei!« (los, schnell). Meinen Kumpel haben sie auch mit geschnappt. Da habe ich mir geschworen: In der russischen Besatzungszone bleibst du nicht! Das war von Anfang an mein Gedanke, daß ich dort nie bleiben wollte. Von Leipzig bin ich weitergefahren nach Dresden, da sind wir nachts um drei angekommen. Ich mußte vom Hauptbahnhof rüber zum Neustädter Bahnhof. Es war so viel kaputt. Ich bin dann so gegen acht, halb neun in Radeberg angekommen. Da war die Überraschung groß, daß ich aus der Gefangenschaft gekommen bin. Ich bin nur ganz kurze Zeit in Radeberg geblieben und bin den gleichen Weg, wie ich gekommen bin, wieder zurückgefahren und bin bei Teistungen, Berlingerode über die Grenze gemacht.

Horst Leipert,
Duderstadt, Jahrgang 1921

Zwangsaussiedlungen aus dem Sperrgebiet

Am 26. Mai 1952 verabschiedete der Ministerrat der DDR einen Beschluß über besondere »Maßnahmen an der Demarkationslinie zwischen der Deutschen Demokratischen Republik und den westlichen Besatzungszonen« sowie eine »Polizeiverordnung über die Einführung einer besonderen Ordnung an der Demarkationslinie«. Mit diesen Verordnungen begann der Ausbau der Grenzanlagen an der Demarkationslinie, die sich seit dem Kriegsende immer mehr zu einer Grenze zwischen den Systemen entwickelt hatte. Ihr Verlauf war bis 1952 nur durch Schlagbäume an den Verbindungsstraßen, farbige Ringe an den Bäumen oder Hinweisschilder sowie zum Teil durch Zäune markiert worden. Jetzt begann man, Stacheldrahtzäune zu errichten sowie einen 10 Meter breiten Kontrollstreifen zu pflügen und zu eggen, der zur Feststellung von Fußspuren dienen sollte. Die Straßen in Richtung Westen wurden gesperrt, die Zahl der Grenzübergänge stark reduziert. Die Polizeiverordnung sah die Schaffung eines Sperrgebietes entlang der Demarkationslinie und in Berlin vor. Der Aufenthalt in diesem Gebiet ohne Sondergenehmigung und das Übertreten der Grenze wurden verboten, die Bewohner registriert und ihre Bewegungsfreiheit eingeschränkt.

Die DDR-Führung rechtfertigte ihr Vorgehen mit der Unterzeichnung des »Deutschlandvertrages« in der Bundesrepublik am gleichen Tag. Der Vertrag sah die Aufhebung des Besatzungsstatuts in der Bundesrepublik Deutschland vor und räumte ihr die Rechte eines souveränen Staates ein. Außerdem wurde mit der Unterzeichnung die Voraussetzung für eine Aufnahme der Bundesrepublik in die Europäische Verteidigungsgemeinschaft geschaffen. Die DDR bezeichnete ihn als »Generalkriegsvertrag, der gegen den Friedensvertrag und die Wiederherstellung der Einheit Deutschlands gerichtet ist«. Ferner warf sie der Bundesrepublik vor, wegen des fehlenden Schutzes der DDR-Grenze, »in immer größerem Umfange Spione, Diversanten, Terroristen und Schmuggler über die Demarkationslinie ... zu schleusen«.

Die »Sperrgebietsverordnung« bildete die Grundlage für zwei groß angelegte Polizeiaktionen in den Jahren 1952 und 1961. Im Verlauf dieser Aktionen wurden insgesamt etwa 12.000 Bewohner des Sperrgebietes willkürlich von ihrem Grund und Boden vertrieben und ins Landesinnere der DDR zwangsumgesiedelt. Auch in den folgenden Jahren wurden immer wieder Menschen gegen ihren Willen aus dem Grenzgebiet in andere Gebiete der DDR gebracht. Anhand von polizeilichen Listen und Karteien, die vielfach auf Denunziationen und Klatsch beruhten, wurden die Opfer ausgewählt: Gastwirte, Bauern, Handwerker und Arbeiter wurden mit ihren Familien in Lastwagen und Güterzügen abtransportiert und an entlegene Orte gebracht, wo sie in schlechten Quartieren notdürftig untergebracht wurden. 1952 waren von der Willküraktion mit dem Decknamen »Ungeziefer« allein im Eichsfeld über 100 Familien betroffen. Die Menschen erlebten die gewaltsame Vertreibung aus ihren Häusern, den unwürdigen Transport in Güterwagen und die katastrophale Unterbringung als zutiefst demütigend. Besonders belastend für sie war, daß ihre Fragen nach den Gründen: »Warum gerade wir?« bis heute unbeantwortet geblieben sind.

Wer weiß, wo die uns hinbringen, sicher nach Sibirien ...

SCHMIEDE IN BISCHHAGEN, 7. JUNI 1952
Ich wohnte mit meinen Eltern und sechs Geschwistern in Bischhagen. Wir hatten dort einen Bauernhof. Mein Vater war Schmied, die Großmutter lebte noch. 1949 hatte mein Vater das Grundstück geerbt, und wir sind dort hingezogen. Wir waren praktisch drei Jahre dort bis zu der Zwangsaussiedlung. Das war Anfang Juni 1952. Kurz vorher waren in Bischhagen die Traktoren aufgezogen an der Grenze und hatten den 10-Meter-Streifen gepflügt, es war wirklich eine gespannte Unruhe, so kann man sagen. Und jeder, als Kind erinnert man sich, die Erwachsenen haben immer geredet und gesagt, was da wohl jetzt alles auf uns zukommt. Aber als Kind war das eigentlich spannend. Man wußte ja nicht, was da passieren würde.

Ich war an dem Tag in der Schule. Dann wurden wir herausgerufen, wir sollten nach Hause kommen. Der Bürgermeister kam zu uns auf das Grundstück und brachte meinen Eltern ein Schriftstück, auf dem stand, daß wir unverzüglich das Haus zu räumen hatten. Innerhalb von, ich glaube es waren zwölf Stunden, mußte das Grundstück verlassen sein. Alles, was auf einen Lkw mit Hänger ging, durften wir mitnehmen. Meine Mutter war gar nicht in der Lage zu packen, das hat sie mir und meiner Schwester überlassen. Das Nötigste waren die Betten, was eben so aus dem Kleiderschrank schnell zu verpacken war. Als wir dort angekommen sind an unserem Bestimmungsort, fehlte uns ein Tisch, wir hatten noch nicht einmal einen Tisch dabei.

Es waren 400 Meter bis zur Grenze. Aber wie es so geht mit alten Leuten, meine Oma wollte auf keinen Fall alles verlassen. Das war unmöglich, das konnte die sich nicht vorstellen. Eventuell die Kühe, wie es andere Bauern gemacht haben, die Kühe abgebunden und fortgetrieben. Und alle hinterher, das war undenkbar. So ist es, daß wir uns regelrecht haben verladen lassen. Da standen dann welche mit einem Gewehr. Meine Mutter hat geschrien und fürchterlich geweint, sie war schockiert. Dann war der kleine Bruder noch da, der ja auch ihre Aufmerksamkeit brauchte. Das war alles ganz schlimm. Mein Vater hat versucht, bei dem Bürgermeister auszukundschaften, was für Gründe vorlagen. Der hat sich immer darauf berufen, er wußte von nichts, er hat zugesagt gekriegt, es mußten eben welche raus. Da waren wir und noch eine junge Familie, da waren aber noch keine Kinder.

Am anderen Morgen ist ein Lkw vorgefahren und hat alles aufgeladen an Möbeln, was eben auf so einen Lkw ging. Da waren Männer dabei, die kamen mit dem Lkw und haben aufgeladen. Die haben es auch nur getan, weil sie es mußten. Dann wurden wir nach Heiligenstadt gefahren. In Heiligenstadt auf dem Ostbahnhof war ein Güterzug zusammengestellt worden, Viehwaggons, in die alles reingeladen wurde. Für die Personen waren richtige Personenwagen da, wo wir einsteigen sollten. Aber wir sind alle zusammengeblieben, sonst wäre die Familie auseinandergerissen worden, und das wollten wir verhindern. Es hieß immer: »Wer weiß, wo sie uns hinbringen. Sicher nach Sibirien!« Mitnehmen durften wir alles, was im Haus war, aber kein Vieh. Wir hätten auch nicht gewußt wohin. Da war fürchterliches Schreien und Weinen.

Das zur Schmiede gehörende Wohnhaus der Familie Wiesenmüller in den dreißiger Jahren.

Wir haben in diesem Viehwaggon mit unseren Möbeln zusammen auf dem Stroh gelegen und vor uns hingedämmert. Die kleineren Geschwister haben geschlafen, wir größeren sicherlich auch zum Teil. In Wolfen sind wir ausgestiegen, die Wagen sind abgehängt worden. Von dort aus ging die Verteilung los. Wir sind von Wolfen aus wieder auf Lkw verladen worden und nach Bergschiffmühle im Kreis Schwemsal, Kreis Gräfenhainichen, gekommen. Der Ort hieß Schwemsal und war ein ganz abgelegener, fünf Kilometer von Bad Düben entfernter Ort, wo wir auf einem einsamen Bauerngehöft gewohnt haben. Man könnte sagen, am Ende der Welt. Die Leute haben uns jedenfalls ganz neugierig und auch interessiert aufgenommen. Die waren nicht auf Mietsleute eingestellt. Das war ein Bauernhof, eine

ehemalige Mühle, und wir hatten eine Wohnung, die war schlimm. Wir hatten eine Küche, dahinter einen Abstellraum, da mußten wir Geschwister schlafen. Und jeder ein Bett, das war überhaupt nicht möglich. Im Winter glitzerten die Wände von Eis und Reif. Meine Eltern hatten ein Schlafzimmer, und noch so ein kleines Kämmerchen haben sie uns zur Verfügung gestellt, wo der etwas jüngere Bruder schlief. Da polterte es von Ratten. In der alten Mühle waren die Zwischenböden nicht ausgefüllt. Wir waren etliche Male erstaunt, wenn wir Wäsche hingehängt hatten auf dem Boden, waren überall große Löcher drin. Die Ratten nahmen so stark zu, daß die sich in das Schlafzimmer meiner Eltern durchgefressen hatten. Und in einer Nacht schrie mein Bruder auf, da hatte ihm eine Ratte in den Kopf gebissen. In

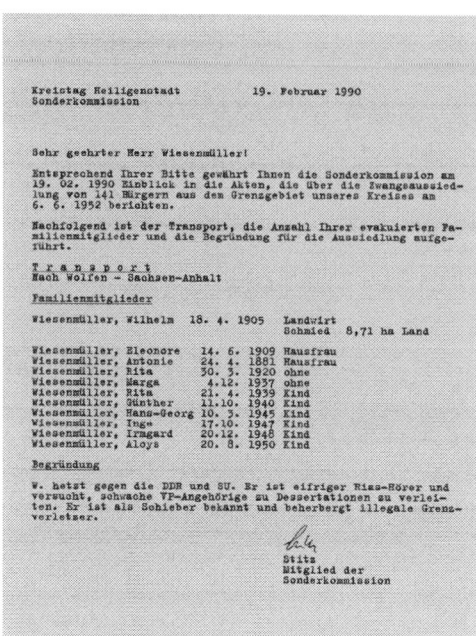

Kreistag Heiligenstadt   19. Februar 1990
Sonderkommission

Sehr geehrter Herr Wiesenmüller!

Entsprechend Ihrer Bitte gewährt Ihnen die Sonderkommission am
19. 02. 1990 Einblick in die Akten, die über die Zwangsaussiedlung von 141 Bürgern aus dem Grenzgebiet unseres Kreises am
6. 6. 1952 berichten.

Nachfolgend ist der Transport, die Anzahl Ihrer evakuierten Familienmitglieder und die Begründung für die Aussiedlung aufgeführt.

Transport
Nach Wolfen – Sachsen-Anhalt

Familienmitglieder

Wiesenmüller, Wilhelm   18. 4. 1905   Landwirt
                                       Schmied   8,71 ha Land

Wiesenmüller, Eleonore 14. 6. 1909   Hausfrau
Wiesenmüller, Antonie   24. 4. 1881   Hausfrau
Wiesenmüller, Rita   30. 3. 1920   ohne
Wiesenmüller, Marga   4.12. 1937   ohne
Wiesenmüller, Rita   21. 4. 1939   Kind
Wiesenmüller, Günther   11.10. 1940   Kind
Wiesenmüller, Hans-Georg 10. 5. 1945 Kind
Wiesenmüller, Inge   17.10. 1947   Kind
Wiesenmüller, Irmgard   20.12. 1948   Kind
Wiesenmüller, Aloys   20. 8. 1950   Kind

Begründung

W. hetzt gegen die DDR und SU. Er ist eifriger Riss-Hörer und
versucht, schwache VP-Angehörige zu Desertationen zu verleiten. Er ist als Schieber bekannt und beherbergt illegale Grenzverletzer.

                                    Stitz
                                    Mitglied der
                                    Sonderkommission

Nach der Grenzöffnung beantragte der Bruder Rita Jagemanns Akteneinsicht beim Kreis Heiligenstadt, um zu erfahren, warum sie aus dem Sperrgebiet ausgesiedelt worden waren. Als Antwort erhielt er von der damaligen Sonderkommission des Kreises eine Aufstellung der Betroffenen mit einem kurzen Hinweis auf die Gründe, die 1952 offensichtlich als Rechtfertigung gedient hatten.

die Vorhänge, in die Gardinen haben sie große Löcher reingefressen. Die Wirtsleute bestritten das natürlich. Die sagten immer, das kann gar nicht sein, bis mein Vater eine Falle gestellt und mal eine gefangen hatte. Aber das war gar nicht so einfach. So ging das über Jahre weiter. Man wußte ja dann, was los war. Zwischen Bad Düben und Bitterfeld war eine Station, eine MTS (Maschinen-Traktoren-Station). Dort hat mein Vater als Schmied gearbeitet und praktisch für unsere ganze Familie, wir waren damals neun Personen, um die 500 Mark verdient. Das muß man sich auch mal alles richtig vorstellen!

Wir hatten dort einen Nachbarn, der uns immer versucht hat zu unterstützen. Da sind Eingaben gemacht worden an Walter Ulbricht und an Otto Grotewohl und was noch alles. Immer kamen die Antworten, das würde bis zum Kreis weitergeleitet. Und von dort kam eben nichts wieder zurück. Mein Vater hat auch versucht, nach Bischhagen zu kommen. Nichts, es war wirklich keine Möglichkeit. Bis wir es dann hier in Silberhausen versucht haben. Von dort waren wir 1949 nach Bischhagen hingezogen. Wir hatten ein kleines Haus und auch ein paar Ländereien gehabt. Aber es war nicht möglich. Sie haben immer gesagt, das Haus ist zu klein für uns. Die wollten uns bestrafen, aber genau wissen wir es ja auch nicht. Dann haben wir Unterstützung gefunden durch einen Bruder meiner Mutter, der hat sich hier mit eingesetzt. Da war ein Neubauerngehöft, das ganz schlecht bewirtschaftet wurde, wo laufend andere Besitzer waren. Mit diesem Grundstück im Zuge der Tauschwohnung konnten wir nach Silberhausen zurück, 1957 im August. Die Leute, die dort gewohnt haben, sind in unsere Wohnung in die Bergschiffmühle, und unsere Familie sollte hierher. Im Grunde haben meine Eltern wieder mit nichts angefangen, nur daß eine Kuh auf dem Gehöft war. Die mußten sie dann abliefern, weil alles, auch die Milch, mit Bazillen verseucht war.

Auf Anfrage meines Bruders, gleich nach der Wende, haben wir von Heiligenstadt von einer Sonderkommission des Kreistages ein Schreiben zugeschickt bekommen. Dort ist alles vermerkt: der Transport nach Wolfen/ Sachsen-Anhalt, sämtliche Familienmitglieder, die mit ausgesiedelt wurden, und die Begründung, warum wir raus mußten, was wir bis dahin ja nicht wußten. Das ist wirklich unerhört, was man da meinem Vater nachgesagt hat. Man kann das nur so sagen, das waren wirklich rausgesuchte Begründungen, um die Leute gefügig zu machen, die zurückgeblieben sind, um denen Angst zu machen. Anders kann man sich das eigentlich nicht erklären. Da sind sämtliche Namen aufgeführt mit Geburtsdatum. Und dann steht als Begründung: »W.«, also mein Vater, »hetzt gegen die DDR und SU, er ist eifriger RIAS-Hörer und versucht, schwache VP-Angehörige zur Desertation zu verleiten. Er ist als Schieber bekannt und beherbergt illegale Grenzverletzer.« Das war die Begründung. Aber wie wir dann in den ganzen Jahren mitbekommen haben, auch bei den Kongressen beim Bund der Zwangsausgesiedelten, sind diese Begründungen fast bei allen so aufgeführt worden – ein bißchen abgewandelt. Da haben wir auch erfahren, daß es überwiegend Gastwirte waren oder, aber wie in unserem Falle, die Schmiede, wo sich Leute getroffen und ihrem Unmut Luft gemacht haben, geschimpft oder irgendwas gesagt haben gegen die Regierung. Das hat man damit unterbunden, daß man solche Leute rausgenommen hat. Bei uns war es eben eine ausgesprochen große Familie. Bei anderen waren es vielleicht nur zwei oder drei Personen. Aber so hat man die anderen Dorfbewohner ängstlich gemacht und eingeschüchtert.

Wenn man das heute manchmal so hört, man merkt ja, daß es wirklich Unwissenheit gibt, daß viele das überhaupt nicht wissen. Auch wenn ich an der Arbeit manchmal davon gesprochen habe, daß man gesagt hat, daß wir weg-

mußten, dann kam automatisch: »Ja, aber irgendwas müßt Ihr doch gemacht haben. Irgendwas muß doch da gewesen sein.« Daß das eine Willkür war, das wollte keinem einleuchten, weil es viele überhaupt nicht gewußt haben. Ich hatte auch Kollegen im Betrieb, die damals diese Transporte mit verladen haben. Für die war das ein Alptraum, wenn man mit denen mal ins Gespräch kam, diese Erlebnisse, wenn sie darüber gesprochen haben. Aber man hat ja selten mal jemanden gefunden, der das wirklich auch getan hat.
Rita Jagemann, geb. Wiesenmüller
Silberhausen, Jahrgang 1939

Den Grund haben wir erfahren nach der Wende.

BAUERNHOF IN SIEMERODE, 7. JUNI 1952
Zur Familie gehörten die Schwiegereltern, wo wir beide gearbeitet haben auf dem Gehöft, und der Sohn, der geboren war. Wir hatten eine große Landwirtschaft von 18,75 Hektar, die wir alleine bearbeitet haben. Die Landwirtschaft war in einem sehr guten Zustand. Wir hatten damals drei Pferde, ein Fohlen, acht Kühe, 28 Schweine und eben Hühner – alles, was da noch so an Kleinvieh dazugehörte. Meine Schwiegereltern hatten noch 1939 die Scheune neu gebaut. Es war alles aufs Modernste, wir hatten sogar selbst eine fahrbare Dreschmaschine. Dadurch nehme ich auch an, daß das ein Grund war, weil alles in gutem Zustand war.

Ich war in der Stadt beim Arzt. Als ich nach Hause kam, kam mir mein Mann entgegen und wollte meinen Ausweis: Er müßte aufs Bürgermeisteramt kommen. Da habe ich gesagt: »Meinen Ausweis gebe ich nicht aus der

Hand, wer den haben möchte, nimmt ihn mir aus der Hand.« Dann kam mein Mann zurück mit drei Männern von der Kriminalpolizei. Da wurden uns zu allererst die Streichhölzer abverlangt, damit nicht noch irgendwas geschehen konnte, daß wir das Gehöft angesteckt hätten. Da hieß es dann, wir müssen für ein halbes Jahr das Gehöft verlassen, und nach einem halben Jahr kämen wir wieder zurück.

Meine Mutter wohnte im Ort, die hatte meinen Sohn und noch die zwei Kinder von meinen Geschwistern. Abends schickte sie runter. Es sollte jemand kommen und die Kinder nehmen, damit sie zu Hause ihr Vieh füttern konnte. Da kam einer von der Kripo und hat gesagt, es dürfte keiner das Gehöft verlassen. Meine Schwester wollte das Gehöft verlassen, da hat er die Pistole gezogen, hat mit der Pistole davorgestanden und sie auf meine Schwester gehalten. Wir hatten zum Hof runter vier Stufen und unten unsere Torfahrt extra. Da habe ich gesagt: »Geh unten raus.« Da hat er gesagt: »Wenn Sie das Gehöft verlassen, schieße ich.« In dem Moment hatte ich ihm aber die Pistole aus der Hand gedreht. Mein Bruder kam durch die Stube raus aus dem Zimmer und sagte: »Mach Dich nicht unglücklich, schmeiß ihm lieber ein Loch in den Kopf, aber mach Dich nicht unglücklich.« Wenn mein Bruder nicht dazugekommen wäre, ich glaube, ich hätte abgedrückt. In dem Moment war mir alles egal. Dann kam der andere von der Kriminalpolizei, und er fragte, was sich abgespielt hat. Da habe ich es ihm gesagt. Und da hat er gesagt: »Sie gehen nach Hause zu Ihrer Mutter und

Zu den Schutzmaßnahmen an der Demarkationslinie

Die Bevölkerung der an der Demarkationslinie mit Westdeutschland liegenden Kreise hat allerorts den Beschluß der Deutschen Demokratischen Republik vom 26. Mai 1952 über die Durchführung von Maßnahmen zur Verteidigung der demokratischen Errungenschaften des Volkes vor den Anschlägen feindlicher Elemente, die in das Gebiet der Republik aus Westdeutschland eingeschleust werden, mit großer Genugtuung aufgenommen.

Die Bevölkerung dieser Kreise bringt ihre Befriedigung über die Regierungsverordnung zum Ausdruck, auf Grund derer ihr bedeutende steuerliche Vergünstigungen, die Erhöhung der Löhne und Gehälter für Arbeiter und Angestellte, Erhöhung der Renten sowie eine bessere Versorgung gewährt werden.

In der letzten Zeit werden jedoch durch feindliche Elemente verleumderische Gerüchte in Umlauf gesetzt, wonach aus den Ortschaften, die in dem Fünf-Kilometer-Streifen an der Demarkationslinie liegen, eine Massenaussiedlung von Einwohnern durchgeführt werden soll.

Die Haltlosigkeit und der feindselige Charakter dieser Gerüchte sind offensichtlich. Wie aus wohlunterrichteten Kreisen verlautet, sind keinerlei Aussiedlungen aus den Ortschaften, die im Fünf-Kilometer-Gürtel oder in dem 500-Meter-Streifen an der Demarkationslinie liegen, vorgesehen.

Zwei Wochen, nachdem bereits mehrere tausend Menschen überall entlang der Grenze gegen ihren Willen gewaltsam aus dem Sperrgebiet ausgesiedelt worden waren, wurde in der Tageszeitung Wittenbergs am 21. Juni 1952 behauptet, „daß keine Aussiedlungen aus dem Grenzgebiet vorgesehen" seien.

machen erstmal Ihr Kind fertig.« Von der Zeit an durften mein Mann und ich auch mal zu meiner Mutter hoch.

Was Geschirr, Wäsche und die Sachen im Haushalt anbelangt hat, die haben meine Schwestern eingepackt. Was an Möbeln war, haben die Herren, die beauftragt waren, aufgeladen. In der Rage haben wir praktisch unser Schlafzimmer und die Küche und von den Schwiegereltern Möbel, das Notdürftigste, was war, mitgenommen. Wir hatten noch etwas zu Hause gelassen, das haben wir nie wieder gesehen. Die Unterlagen, was alles beschlagnahmt wurde, hat mein Schwiegervater bekommen. Das wurde dann auch abgetaxt, aber bedeutend unter Wert. Mein Mann, dem war das alles ganz egal in dem Moment. Er hat einmal ein Wort zu mir gesagt: »Hätte ich eine Pistole, ich würde sämtliches Vieh erschießen, was wir erarbeitet und erhalten haben.« Uns waren eben beide Hände gebunden. Wir wußten ja auch nicht, wo wir hinkamen. Es wurde uns ja nicht gesagt wie und was. Mein Bruder war derjenige, der mir dann noch eine große Axt mit eingepackt und gesagt hat: »Wenn es über die Oder-Neiße-Grenze geht, bitte rettet Euer Leben.« Denn damit hatten wir alle gerechnet.

Ja, und dann wurden in Heiligenstadt auf dem Bahnhof unsere Sachen in die Güterwagen verladen. Auf dem Bahnhof kriegte jede Familie 100 Mark zum Ausgleich, daß sie erstmal Geld in den Händen hatte. Wir waren über 200 Familien, die da verladen wurden – und wenn es ging, immer zwei Familien in einen Güterwaggon. Dann wollten uns die Herren die Güterzüge zumachen, da haben wir natürlich protestiert. Da haben sie uns die Rie-

gel ein Stückchen aufgelassen. Vor Halle haben die Güterwagen angehalten, und die Polizei ist oben von den Dächern gesprungen. Bis dahin sind wir unter Polizeibewachung gefahren. In Halle sind wir wieder ausgeladen und in einem großen Schulgebäude untergebracht worden für eine Nacht. Dann wurden die Männer gefragt, was sie für Arbeit machen wollen. Wir sind dann nach Reinharz/Wittenberg an der Elbe gekommen. Und von da aus mußte mein Mann jeden Tag 25 Kilometer mit einem Fahrrad bis nach Pretsch an der Elbe in eine MTS (Maschinen-Traktoren-Station) fahren, weil er Treckerfahrer gemacht hat.

Aber die Leute da oben, die haben das alle gewußt, daß Leute kommen. Acht Tage später kriegte ich auf einmal einen Artikel in der Zeitung. Da stand drin, daß ein Herr bei uns gewesen wäre und sich mit uns unterhalten hätte, daß wir das begrüßt hätten, daß die Aussiedlung stattgefunden hätte, weil wir vor den westlichen Elementen keine Ruhe gehabt hätten. Da war ich bitter, bitter enttäuscht. Da wollte ich wissen, wer so einen Artikel – es war ja niemand bei uns – in die Zeitung setzen konnte? Bin es aber in der Zeitung nicht gewahr geworden, wer den hineingesetzt hat. Und wieder acht Tage später stand noch ein größerer Artikel in der Zeitung, wo drin stand, daß das nur Gerüchte von drüben wären, daß überhaupt keine Leute aus dem Fünf-Kilometer-Sperrgebiet umgesiedelt worden wären. Da bin ich wieder hin auf die Zeitung und habe gesagt: »Ich möchte Sie mal fragen, wo wir her sind?« Ob wir aus den Wolken gerutscht wären? Da habe ich wieder keine Auskunft gekriegt. Und was wollte ich nun dagegen unternehmen? Gar nischt!

Nr. 136 — 7. Jahrg.   14. Juni 1952

„Die Grenzprovokationen wurden von Tag zu Tag stärker"

*Der Kollege D o n a t h hatte Ge-
legenheit, mit Grenzbewohnern, die
sich zur Zeit in Reinharz/Schmiede-
berg befinden, zu sprechen.*

*Diese Familie gab dem Kollegen zum
Ausdruck: „Die Grenzprovokationen
von westlicher Seite nahmen von Tag
zu Tag zu. Es ist besser so, daß wir
jetzt hier sein können."*

*Die Familie N o l t e ist also froh,
daß unsere Regierung diese Schutz-
maßnahmen getroffen hat, die es den
Kriegstreibern unmöglich machen werden, das friedliche Aufbauwerk in unserer Deutschen Demokratischen Republik zu unterminieren. In Ruhe können wir dadurch unserer friedlichen
Arbeit nachgehen.*

*An der Wachsamkeit aller werden
sich die Burianeks die Köpfe ein-
rennen.*

*Durch die Kraft des Volkes muß es
und wird es uns bald gelingen, mit ver-
einten Kräften die Drahtzieher und
Hintermänner dieser Mörder dahin zu
befördern, wohin sie gehören, damit
das deutsche Volk in Ruhe und Frieden leben kann.*

*Deshalb verstärkter Kampf gegen
den Generalkriegsvertrag!*   **W.**

Eine Woche nach der Zwangsaussiedlung der Familie Nolte erschien in der Wittenberger Zeitung ein
Artikel, in dem behauptet wird, die Familie wäre
froh, über die von der »Regierung getroffenen Maßnahmen«. Ein Gespräch mit der betroffenen Familie hatte jedoch nie stattgefunden.

Die haben später versucht, uns da
oben Gehöfte anzubieten, die die Bauern verlassen hatten, die über Berlin
abgegangen waren. Das waren alles
Gehöfte, die total am Boden lagen.
Darum hatte mein Mann kein Interesse
daran, ein Gehöft aufzubauen, was
andere runtergewirtschaftet hatten
durch die hohen Sollabgaben.

Den Grund haben wir nach der
Wende erfahren: Mein Schwiegervater
wäre gegen den Staat feindselig einge-
nommen, was natürlich nie der Grund
war, weil mein Schwiegervater sich
überhaupt nicht um Politik gekümmert
hat. Im Februar 1954 hatten wir das
erste Mal wieder die Genehmigung zur
Hochzeit zu meinem Bruder bekommen. Allerdings am zweiten Hochzeits-
tag – wir hatten die Erlaubnis für drei
Tage – kam das Überfallkommando
aus Heiligenstadt und hat uns weggeholt. Wir hätten nie wieder das Grenzgebiet betreten dürfen, hat man uns
dann gesagt. Daraufhin habe ich den
Antrag beim Rat des Kreises in Heiligenstadt gestellt und wollte wissen,
aus was für einem Grunde ich meine
Heimat nicht wieder betreten dürfte,
obwohl meine Mutter und meine vier
anderen Geschwister ja alle noch im
Ort wohnten. Da wurde mir zwei Jahre
später gesagt, daß mein Mann und ich
bei der Aussiedlung nicht auf der Liste
gestanden hätten.
*Hildegard Nolte,
Grabe, Jahrgang 1928*

Hier bleibe ich nicht. Ich versuche jetzt, hier wegzukommen.

GASTHAUS »SONNENSTEIN«, 7. JUNI 1952
Duderstadt war unsere Einkaufsstadt,
unsere Schulstadt, so wie es heute auch
wieder ist. Da sind viele zur Schule
gegangen, sind dort in der Lehre gewesen. Mein Bruder zum Beispiel war in
Gieboldehausen in der Lehre. Wir hat-

ten noch unsere Verwandten in Duder- stadt wohnen, in Gieboldehausen. Die verwandtschaftlichen Beziehungen waren ja durch die Grenze nicht aufgehoben, sondern bestanden weiterhin. Und so ging man eben schwarz über die Grenze. Die Wege kannten wir, und dadurch, daß bei uns zeitweise auch die Polizei stationiert war, hatten wir die Kenntnis, immer mal zu gehen, wenn die Polizei auf Streife ging. Wir kannten uns untereinander. Wenn man jung ist, dann ist das eben alles ein bißchen lockerer.

Ich bin 1931 geboren, in Holungen zur Volksschule gegangen und war 14, als der Krieg zu Ende war. Mein Vater war drei Jahre in Buchenwald, ist damals vom Russen inhaftiert worden. Ich habe sozusagen mit 14 Jahren meinen Vater vertreten müssen. Ich habe eigentlich nur im elterlichen Betrieb gearbeitet. Wir hatten auch Landwirtschaft dabei,

aber hauptsächlich Gaststätte. Wir hatten zu der Zeit auch Tanz hier auf dem »Sonnenstein«. Da traf sich die Jugend der umliegenden Ortschaften – von Brehme, Holungen, Ecklingerode, Weißenborn, Jützenbach und so. Deshalb ist der »Sonnenstein« für diese Leute auch heute immer noch ein Begriff.

Wir hatten Pfingsten 1952 noch Betrieb gehabt, da war hier Tanz, und die Zwangsaussiedlung war in der Woche darauf. Jeder hat sich gewundert, der hier Pfingsten noch zum Tanzen war, daß plötzlich nichts mehr da war, daß das Haus tot war.

Die Zwangsaussiedlung war vom 6. zum 7. Juni 1952. Es war so, daß mittags, gegen 14 Uhr, ein Auto vor unserem Haus hielt, vier Männer ausstiegen, zu uns in die Gaststätte kamen und meinem Vater sagten, daß wir das Haus und das Anwesen räumen müßten. Uns wurde gesagt: »Die poli-

Postkarte vom Gasthaus »Sonnenstein« der Familie Koch, aufgenommen im September 1950.

tische Lage erfordert, daß Sie innerhalb von 24 Stunden das Haus räumen. Es ist für Sie in Thüringen ein ähnliches Objekt vorgesehen, das Sie sozusagen im Tausch erhalten. Und ja, noch einen anderen Grund: Der Westen, der will hier irgendwas bewerkstelligen und da müssen Maßnahmen ergriffen werden, also eine Grenzbefestigung.«

Es kamen auch Gäste, die im Westen gearbeitet haben, die haben auch mit den Volkspolizisten zusammen an der Theke gestanden und haben, was weiß ich, politisiert vielleicht auch. Ich könnte mir auch vorstellen, daß das der Grund war, daß wir hier raus mußten. Es war ja ein öffentlicher Betrieb, es konnte jeder hier rein.

An dem Mittag wurde einer von diesen Beamten abgestellt, der bei meinem Vater blieb, dazu kam noch ein Gastwirt aus Holungen. Die haben alles registriert, was hier im Haus zurückbleiben mußte. Es war so, daß alles, was zum Gewerbebetrieb gehörte, bleiben mußte. Private Sachen konnten rausgeräumt werden. Verwandte aus Weißenborn und Holungen kamen und haben auch einen Teil Möbel mitgenommen und Vieh. Wir haben von mittags um 2 Uhr die Nacht durchgearbeitet bis am nächsten Morgen um 6 Uhr, da kam ein Lkw angefahren von Nordhausen. Da durften wir alles, was in einen halben Eisenbahnwaggon ging, mitnehmen. Der Beamte, der zurückgeblieben war, hat immer bestimmt: Das darf mit, das darf nicht mit. Es war so, daß wir mit unserem Nachbarn, der auch zwangsausgewiesen wurde, einen Waggon bekamen. Und dann wurden wir nach Niedersachswerfen gebracht. Vorher fuhren wir erstmal nach Holungen zum Bürgermeisteramt, dort hat mein Vater darauf bestanden, daß diese Bestands-

aufnahme von dem Bürgermeister unterschrieben wurde. Die Gemeinde Holungen hat diesen ganzen Bestand, was alles zurückgeblieben ist im Haus, in Treuhand übernommen, hat also die Verantwortung dafür übernommen. Mein Vater hat wirklich geglaubt, irgendwann kommt er mal wieder zurück, weil man ihm das versprochen hatte. Wir sind von Holungen aus über Bischofferode nach Niedersachswerfen gebracht worden. Dort wurden die Waggons zusammengestellt. Man hatte uns versprochen, wir kommen nach Thüringen. Aber es kam dann alles ganz anders. Während dieser Aufteilung der Waggons kamen die Landwirte nach Mecklenburg, und alle anderen kamen nach Thüringen.

Als wir in Niedersachswerfen waren, nachdem wir die Waggons beladen hatten und die Züge zusammengestellt wurden, haben wir uns alle zusammen auf gestapeltes Holz gesetzt. Das war zum Beispiel von Zwinge der Gastwirt. Es waren ja sehr viele Gastwirte, die ausgewiesen wurden – wahrscheinlich weil sich da alles treffen konnte. Und weil man keine Handhabe hatte dahinterzuhaken. Da war nichts zu machen. Es war also von Zwinge der Gastwirt, der Weißenbörner Gastwirt, dann der von Holungen. Wir waren vielleicht so 20 oder 25 Leute, die auf diesem gestapelten Holz saßen. Ich hatte meinen Fotoapparat dabei und habe ahnungslos ein Foto machen wollen. Plötzlich kam eine Polizistin zu mir und sagte, ich möchte doch bitte mitkommen auf die Kommandantur, oder was das da war. Ich bin mitgegangen, und dann haben sie mir den Fotoapparat abgenommen und gefragt, warum ich diese Aufnahmen mache. Da habe ich gesagt: »Um das festzuhalten. Man zieht ja nicht jeden Tag um, für mich privat und für uns.« Da haben sie meine Personalien aufgenommen und gesagt, der Film würde entwickelt, und sie würden entscheiden, ob mit mir was passiert oder nicht. Ja, wahrscheinlich war dann doch nichts auf dem Film, was sie interessierte. Ich hatte ja auch wirklich nur Personen aufgenommen, vielleicht auch die Waggons. Wir sind so ahnungslos gewesen, wir haben uns ja nichts dabei gedacht, daß wir beobachtet werden oder so etwas, überhaupt nicht. Da hab' ich Szenen erlebt auf diesem Bahnhof! Da wurden Familien auseinandergerissen, zum Beispiel waren in dem Transport, der nach Mecklenburg ging, Eltern, Großeltern und die Kinder oder Enkelkinder waren schon abgefahren nach Thüringen. Ich habe erlebt, daß sich Leute vor den Zug schmeißen wollten. Die haben gesagt: »Ich fahre nicht mit nach Mecklenburg. Ich leg mich hier vor den Zug. Meine Kinder sind in Thüringen, ich will auch nach Thüringen.« Es war ein riesengroßer Aufstand. Es wurde uns ja gar nicht gesagt, daß wir nach Mecklenburg kommen, das wurde geheimgehalten. Ich hab' es nur durch Zufall erfahren, daß unser Transport nach Mecklenburg gehen sollte. Und da kam dieser Aufstand, weil der erste Transport nach Thüringen schon weg war. Nach mehreren Stunden Verhandlung, es wurde inzwischen schon dunkel, kam ein Lkw angefahren, und auf diesem Lkw befanden sich Volkspolizisten. Wir wurden mit Waffengewalt in die Waggons gestoßen, weil wir nicht wollten. Wir wollten, also wenn schon, in Thüringen bleiben. Wir wurden gewaltsam in die Waggons getrieben. Sie wurden geschlossen, wir saßen da die ganze Nacht, es war kalt,

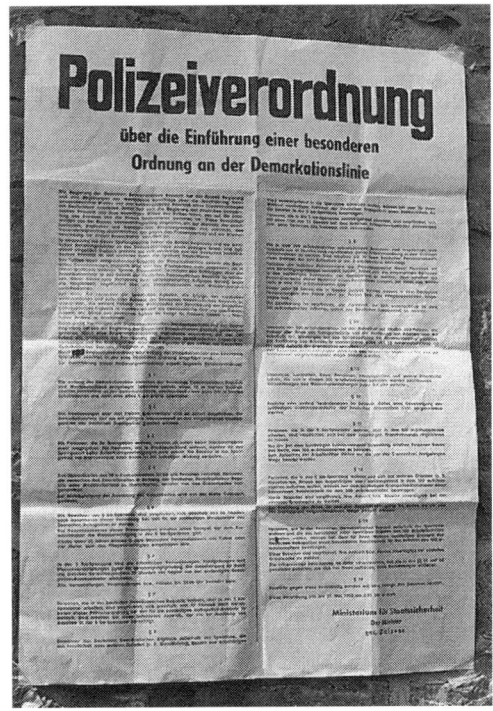

Mit der Polizeiverordnung vom 26. Mai 1952 wurden einschneidende Kontrollvorschriften im Grenzgebiet erlassen. Der § 4 legte beispielsweise fest, daß ein Überschreiten des Kontrollstreifens verboten war: »... bei Nichtbefolgung der Anordnungen der Grenzstreifen wird von der Schußwaffe Gebrauch gemacht«.

und wir haben gefroren. Das erste Mal wurden die Waggons in Magdeburg geöffnet. Dort wurden Kübel mit Suppen ausgeteilt. Es waren Frauen von der Volkssolidarität, die Suppe austeilten. Aber es hat keiner etwas genommen, weil wir so schockiert waren. Es hatte auch keiner Appetit. Dann ging es weiter, wir hatten drei Stunden Aufenthalt. Wir wußten auch gar nicht so recht, wo wir hinkommen. Man hatte uns zwar gesagt, Mecklenburg, aber das war für uns ein großer Begriff. Ich habe schon nicht mehr daran geglaubt, weil die uns ja schon von vornherein belogen hatten. Ich habe geglaubt, wir

Die Unterkunft der Famlie Koch in Flatow. Die Schwester von Frau Hoffmann, Anni, sitzt auf den Eingangs-
stufen zur Behausung der Familie. Das Foto nahm Emilie Hoffmann, geborene Koch, kurz nach ihrer Ankunft
in Flatow im Juni 1952 auf.

kommen nach Rußland oder nach Polen oder sonst wohin. In Neustrelitz hielt der Zug, und dort standen auch schon Lkw für uns bereit, die den Weitertransport übernahmen. Gelandet sind wir dann in Flatow. Flatow war ein kleiner Ort bei Warbende. Flatow muß früher nur ein Gut gewesen sein. Wir kamen in eine, wie soll ich sagen, früher hatten wahrscheinlich die Arbeiter dort gewohnt, so eine kleine Behausung. Zwei kleine Zimmerchen, es war unzumutbar.

Mein Vater wäre nie freiwillig in den Westen gegangen. Der hing so an seinem Haus und Hof hier. Ich habe ihn gewarnt. Mir hat man über die Volkspolizei gesagt, als junger Mensch hat man da wahrscheinlich bessere Beziehungen untereinander, und ich war gewarnt worden von der Volks-

polizei. Die wußten wahrscheinlich ein bißchen mehr und haben mir gesagt: »Milli, es ist was im Gange. Ich würde an Eurer Stelle sehen, daß ich in den Westen komme. Spannt Eure Kühe an und zieht durchs Sobachtal. Dazu würde ich Euch raten.« Das habe ich dann meinem Vater gesagt, aber der hat gesagt: »Ach, das ist nicht nötig, das kommt gar nicht in Frage. Ich habe nichts verbrochen, und ich habe keinem etwas getan. Warum soll man mir was tun?« Der hat fest daran geglaubt an die Gutmütigkeit der Menschen und was auch immer. Er hätte sich dazu nie entschlossen, in den Westen zu gehen.

Wir lebten mit sechs Personen auf zwei winzigen Zimmerchen, und die Küche bestand aus einem gemauerten, es war kein Herd, es war mehr so eine Feuerstelle, eine kleine Luke da oben,

wo der Rauch abzog. Und ansonsten hatten wir ein Wohnzimmer und ein Schlafzimmer, das konnte man auch nicht als das bezeichnen. Ich vermute, daß da früher mal Getreide gelagert wurde in diesen Räumen. Waren weiß gekälkt die Wände, ansonsten war nichts drin. Wir haben notdürftig unsere Sachen aufgestellt, haben zum Teil auf dem Boden geschlafen, auf Matratzen nur, weil wir gar keinen Platz hatten. Eine Kochplatte hatten wir, da haben wir Essen gekocht. Als ich da oben angekommen bin und das gesehen habe, habe ich mich, obwohl ich die ganze Nacht nur Tränen vergossen hatte, hingesetzt und habe herzhaft gelacht. Meine Eltern haben geglaubt, jetzt ist es so weit: Jetzt ist sie übergeschnappt. Ich konnte nicht mehr, es waren keine Tränen mehr da, ich konnte nur noch lachen über das, was wir da vorgefunden hatten. Dann habe ich meinen Eltern gesagt: »Hier bleibe ich nicht. Ich versuche jetzt, hier wegzukommen.« Und das habe ich dann auch gemacht.
Emilie Hoffmann, geb. Koch, Herten, Jahrgang 1931

Weil man ihr Vermögen haben wollte, mußten sie weg.

Bauernhof in Teistungen, 3. Oktober 1961
Am 3. Oktober 1961 habe ich, wie jeden Morgen, die Milch auf die Milchkannenbank gefahren. Da merkte ich schon eine gewaltige Unruhe im Ort und hatte das Gefühl, beobachtet zu werden. Als ich an der Milchbank war, ging einer vorbei. Und als er mich gesehen hat, hat er sich versteckt. Sonst hat er mich in den Arm genommen und hat immer von seinen Zigaretten gesprochen. Der wußte nun, daß ich auch wegkomme, und wollte keine

Grenzzaun im Eichsfeld, um 1960. Hinter dem Stacheldrahtzaun verläuft der 10 Meter breite, geeggte Kontrollstreifen, im Hintergrund ist ein Beobachtungsturm der Deutschen Grenzpolizei zu sehen.

Fühlung mit mir haben und versteckte sich. Da bin ich nach Hause und habe gesagt: »Rosi.« Sie waren gerade am Melken mit der Maschine. Ich habe die Maschine abgestellt, und meine Frau hat noch geschimpft: »Was machst Du denn«? Ich sage: »Komm mal her, ich hab' Dir etwas Wichtiges zu sagen. Hier ist etwas nicht ganz in Ordnung.« Und als ich aus unserem Stall durch die Küche ins Haus kam, war der ganze Flur schon voll. Die waren hinter mir hergegangen, ich hatte das gar nicht gemerkt, die ganzen Leute, die uns aussiedeln wollten, der ganze Verein. Da standen die Autos schon vor der Tür.

Von den »Eindringlingen« wurde von uns verlangt, unsere Familie zusammenzurufen. Als sie unsere Papiere, Ausweise usw. in den Händen hatten, wurde uns von einem Polizisten erklärt, daß wir zu unserer eigenen Sicherheit aus unserer Heimat nach Rittersdorf-Moorental im Landkreis Weimar umgesiedelt würden. Spätestens Weihnachten wären wir wieder zu Hause, wurde uns versprochen. Wir möchten vernünftig sein und uns nicht wehren, es würde sich an der Tatsache nichts ändern. Die Hälfte der Leute waren Zivilisten, die gar nicht wußten, was gespielt wurde und sehr anständig zu uns waren. Die anderen waren wahrscheinlich Polizei und Stasileute. Für die Aussiedlung waren Kisten und Decken mitgebracht, und schon wurden die Schränke auseinandergenommen und auf die Lkw verladen. Inzwischen durfte ich unter Aufsicht meine noch ausstehenden Rechnungen bezahlen.

Die Packer wurden von den Stasileuten angetrieben, schnell zu machen. Es wurde 3 Uhr nachmittags, ehe fast alles verladen war und unsere Familie getrennt in Lkw und Pkw einsteigen mußte. Unter diesen Umständen sind auf dem über 200 Jahre alten Bauernstammsitz unschätzbare Werte zurückgeblieben. Etwa abends um 10 Uhr waren wir in Moorental. In der Wohnungsanweisung waren uns vier Zimmer versprochen, in Wirklichkeit waren es zweieinhalb Zimmer und Küche. Durch die Verspätung konnten die Möbel nicht mehr aufgestellt werden, darum kamen am anderen Tag noch ein paar Packer wieder, die die Möbel aufstellten und die Kisten ins Haus brachten. Es wurde extra ein Polizist in dem kleinen Ort eingesetzt, der die Aufgabe hatte, über uns zu berichten.

Die Verdienstmöglichkeiten waren in Moorental sehr schlecht. Ich verdiente 1,23 Mark als Stundenlöhner. Ich hätte mehr verdienen können, wenn ich in die dortige LPG gegangen wäre. Ich fühlte mich aber zwischen den Leuten, die zum Teil hoch bestraft waren, nicht wohl. Auch ein für zehn Jahre bestrafter Sexualtäter war dabei. Außerdem hatten unsere zwei ältesten Kinder einen Schulweg, der zum Teil durch den Wald führte. Unsere Tochter mußte dann noch von Rittersdorf mit dem Bus nach Kranichfeld fahren. Das Busfahren konnte sie aber nicht vertragen. Außerdem war in der Zeit die Tollwut unter den Füchsen verbreitet, ich habe selber zwei tollwütige Füchse totgeschlagen. Es muß jeder verstehen, daß wir uns unter diesen Umständen da nicht wohlgefühlt haben.

Ich habe mich dann nach einer anderen Arbeitsstelle umgesehen. Durch meine Obstplantage hatte ich mit den Baumschülern in Erfurt engen Kontakt. Sie hätten mich auch genommen, aber ich bekam keine Zuzugsgenehmigung. Als das nicht möglich war, habe ich versucht, in die LPG

Mit einem Pferdegespann wird der Kontrollstreifen geeggt, überwacht von zwei Posten der Grenztruppen. Das Foto entstand zu Beginn der sechziger Jahre im Eichsfeld, im Vordergrund sind Betonpfosten für den Zaunausbau zu sehen.

nach Erfurt zu kommen. Bei der ersten Nachfrage bei der LPG »Fortschritt« wurde mir vom Vorsitzenden gesagt, ich soll nach 14 Tagen wieder nachfragen. Als ich etwa drei Stunden später in Moorental an meiner Arbeit war, wurde ich ans Telefon gerufen. Ich habe es so gesehen, daß man sich inzwischen nach meinen Kenntnissen erkundigt hatte und mich sofort einstellen wollte. Wohnung sei vorhanden. Ich wurde gefragt, ob sie sich um den Transport kümmern sollten. Ich habe gesagt, sie möchten sofort ein Fahrzeug schicken, was sie auch taten. Als wir schon einen Transport Möbel in Erfurt hatten, kam die Dame von Weimar, die die Aufgabe hatte, über uns zu berichten und uns zu betreuen. Sie sagte, daß es ohne ihren Willen nicht möglich wäre, nach Erfurt zu kommen und eine Arbeitsstelle anzunehmen. Wo wir zu arbeiten hätten, würde Weimar bestimmen.

Unser Vorsitzender hat sich gegen Weimar durchgesetzt, so daß wir doch nach Erfurt ziehen konnten.

Meine Frau und ich haben dann zwei Rinderoffenställe mit etwa 120 Jungtieren in der LPG übernommen. Dies haben wir etwa zehn Jahre mit gutem Erfolg ausgeführt. Ab 1. September 1962 gingen unsere Kinder hier in die Schule, sie haben sich schnell eingelebt. Meine Mutter wohnte bis 1970 bei uns. Sie starb in Heiligenstadt und durfte aus politischen Gründen nicht in ihrer Heimat beerdigt werden.

Ich war lange Jahre Ratsmitglied und Vorsitzender der Landwirtschaftskommission ohne Parteizugehörigkeit. Bei der LPG-Gründung 1960 war ich einer der letzten in der DDR, die unterschreiben mußten. Um mich bei der LPG ganz vorn zu haben, setzte man mich unter Druck. Mit Lautsprechern hat man mich bei der Frühjahrsbestellung begleitet und immer was von erfundenen Kriegsverbrechen öffentlich ausposaunt. Zum Schluß hatte ich nicht nur den Lautsprecher, sondern auch noch den Gefängniswagen in Begleitung. Nach unserer Aussiedlung war in der Zeitung zu lesen: »LPG Hahletal allen voran«. Und dann wurde mein Besitz und mein Vieh aufgezählt – als Errungenschaften der LPG und SED. Dieses alles war wahrscheinlich mit der Anlaß, daß sie uns ausgesiedelt haben. Zu unserem Besitz gehörten 18 Hektar Land, davon 30 Morgen sehr gepflegte Obstplantage, 14 Jahre alt. Außerdem hatte ich 1950 und 1951 noch als Einzelbauer die höchsten Hektarerträge in der DDR und bin 1951 dafür ausgezeichnet worden. Sämtliche Gebäude waren bestens in Schuß und werden heute noch genutzt. Als die LPG sich noch vergrößerte, wurden im Kreis Worbis zwei Großbetriebe geschaffen, die sich KAP (Kooperative Abteilung Pflanzenproduktion) nannten. Auf einem Teil meiner Ländereien wurde der Hauptsitz der sogenannten KAP gebaut und unser Bauernhof als Reiterhof ausgebaut. Nach der Wende konnten wir mit Hilfe des Zwangsausgesiedeltenverbandes und der dadurch erzielten Gesetze unser Eigentum wieder kaufen. Es zieht mich nach wie vor immer noch auf mein Eigentum, das ich inzwischen in meinem Sinn verändert habe.

Viele haben die Zwangsaussiedlung nicht verkraftet. Ich habe sechs Mann mit beerdigt, denen es ähnlich gegangen ist, auch Eichsfelder dabei. Es waren richtig gute Bauern dabei, und sie haben alle durchgedreht. Sie haben das einfach nicht verkraften können, das Unrecht. Sie haben sich gewehrt, so lange wie es möglich war. Sie hatten

ja nichts falsch gemacht. Es ist ja nur, weil man ihr Vermögen haben wollte, mußten sie weg. Und das haben sie nicht verstanden.
Julius Hettenhausen,
Erfurt, Jahrgang 1912

Hoffentlich sehen wir uns wieder. Wer weiß, wo die uns hinbringen.

BAUERNHOF IN TEISTUNGEN, 3. OKTOBER 1961

Mein Mann hatte mir Bescheid gesagt, daß irgendwas im Gange ist, und wir sind reingegangen ins Haus. Er wollte mir das alles erklären. Da standen schon die Leute da und haben uns gleich umzingelt. Ich schätze, daß es vielleicht so zwölf bis fünfzehn Leute waren. Und es war auch einer dabei, der hatte so eine große Jacke an und war mächtig gepolstert vorne. Wir nehmen an, daß er bewaffnet gewesen ist. Dann haben sie ihr Notizbuch rausgeholt und haben uns vorgelesen, was los ist, daß wir ausgesiedelt werden sollen und zwar nach Rittersdorf-Moorental, und sie schätzen, daß wir um Weihnachten rum wieder zu Hause sind. Dann haben sie angefangen, die ganzen Sachen zusammenzupacken. Mein Mann ist losgegangen mit einem Polizisten durchs Dorf und hat Rechnungen noch bezahlt, und immer jemanden in Begleitung. Er durfte mit niemandem weiter sprechen, und zu uns durfte noch nicht mal unsere Schwägerin oder von der Nachbarschaft jemand kommen, war alles dicht gemacht. Wir durften mit niemandem sprechen.

Die Leute hatten extra Packer mitgebracht, die haben große Kisten und Decken mitgebracht. Eine Kolonne ins

Blick über den Zaun auf das Nachbardorf in der DDR, Sommer 1961. Tafeln dieser Art standen in den sechziger Jahren an vielen Stellen entlang der Grenze. Hier heißt es: »Abrüstungsvorschlag der UDSSR – Nieder mit den Kriegsbrandstiftern – für eine Welt ohne Waffen«. Foto: Chevalier Bruno Schmidt.

Schlafzimmer, eine ins Wohnzimmer, überall, im ganzen Haus waren die Leute und haben alles eingepackt – ob das Geschirr oder Wäsche war, Möbel auseinandergenommen und eingepackt. Wir hätten doch gar nicht einpacken können. Wie sollten wir das machen? Wir hatten ja wie einen Schock. Mein Gott, wenn wir vielleicht geahnt haben, daß wir vielleicht rausgehen, und daß mal irgend sowas passiert, aber gerechnet hat da wohl keiner mit. Konnten wir nicht entscheiden. Die haben alles eingepackt, alles was kam. Außer im Zimmer von der Oma, da haben sie ein bißchen was dringelassen, und das hat sich meine Schwägerin dann abgeholt.

Die Packer waren sehr anständig, waren mitfühlend, man hat es gemerkt. Die waren zwangsverpflichtet worden, um die Sachen einzupacken. Mit Kisten und Kästen mußten die sich zur Verfügung halten. Und da sind sie zu uns gekommen, zu mehreren, und bei uns haben sie die ganzen Sachen eingepackt. Ich habe nicht einen Finger gekrümmt. Dann standen die Lkw draußen, da wurde aufgeladen. Um 15 Uhr waren sie fertig mit dem Packen, und wir hatten noch nichts gegessen. Wir sollten ja schon eher fertig werden, weil wir noch in den Thüringer Wald, nach Kranichfeld, sollten. Mein Mann und ich haben uns verabschiedet und gesagt: »Hoffentlich sehen wir uns wieder. Wer weiß, wo sie uns hinbringen.« Er kam in den ersten Lkw, dann kam noch ein Lkw, und dann kam ein Pkw mit zwei Kindern, mit den beiden Mädchen und mir, und dann kam hinter uns meine Schwiegermutter mit unserem Sohn, und dahinter kam noch ein großer Lkw. Alle getrennt. Aber wir sind in einer Reihe gefahren. In Höngeda haben wir Halt gemacht und haben da erstmal was gegessen. Da wir ja den ganzen Tag nichts gegessen hatten, haben wir Hunger gehabt. Die Wirtsfrau ist noch losgelaufen und hat uns ein Brot geholt und uns dann erzählt, daß schon so viele Wagen durchgefahren sind mit Evakuierten. Dann ist es Abend geworden, es wurde dunkel, nach Erfurt hoch, es ging ja nur bergauf, und dann nach Kranichfeld hoch. Wir wußten ja gar nicht, wo es hinging. Abends sind wir oben in Moorental angekommen, wo sie uns schon erwartet haben. Uns hatten sie ja nur gesagt nach Rittersdorf, nach Moorental im Landkreis Weimar. Und wir wußten auch nicht, wo das lag. Das war ein ehemaliges Kirchengut gewesen, wo wir hingekommen sind. Da waren acht Häuser und ein großer Gutshof. Die Leute hatten uns da schon erwartet, hatten schon geheizt und hatten aufgedeckt, Brot hingelegt und etwas zu essen hingelegt. Und dann haben die Leute ausgeräumt. Betten haben sie hingestellt, daß wir schlafen konnten. Unsere Kinder und auch die Schwiegermutter haben in der Nachbarschaft geschlafen. Die haben sie gleich mitgenommen, weil es ja auch spät geworden war. Mein Mann und ich, wir haben da übernachtet. Geschlafen kann man gar nicht sagen, denn wir waren ja so fertig. Am anderen Morgen haben wir uns erstmal umgesehen, wo wir waren und was überhaupt war. Uns hatten sie gesagt: eine Dreizimmerwohnung und Küche. Und dabei war es ein Schlafzimmer, eine Kammer und ein kleines Wohnzimmer – und da mit sechs Mann rein. Wir hatten ein großes Haus, also, ein großes Haus ist ein wenig übertrieben, aber jeder hatte sein Zimmer. Wir waren das gewohnt. Und dann in so eine kleine Wohnung!

Ich kann gar nicht erzählen, wie wir rausgeguckt haben und die vielen Ratten gesehen haben vorm Haus. Die sind auf der Fensterbank spazieren gelaufen. Und man macht sich keinen Begriff von dem, was wir da mitgemacht haben. Erstmal waren auch die Mäuse in unsere Kisten gegangen und hatten Mäntel und alle möglichen Sachen kaputt gefressen. An Möbeln war außer einem Spiegel vom Schlafzimmer nichts kaputt. Alles andere war ganz und in Ordnung. Es ist ausgeräumt worden, die haben die Kisten reingebracht, und wir konnten dann selber alles auspacken und einpacken. Einen Großteil haben wir gar nicht ausgepackt, weil wir gedacht haben, das machen wir nicht. Dann haben wir uns erstmal umgesehen, was überhaupt los war, und haben erfahren, daß in Kranichfeld noch eine Familie evakuiert war. Da haben wir uns aufgemacht und haben die Leute besucht und uns unterhalten.

Mein Mann und ich haben dann zehn Jahre im Offenstall gearbeitet in Erfurt. 1975 sind wir nach Erfurt in die Stadt reingezogen, wir hatten uns da ein Haus gekauft, und seit der Zeit leben wir dort. Wir beide haben uns hier ganz gut eingelebt. Ich würde auch nicht wieder aus Erfurt rausgehen. Und trotzdem, wenn ich vom Eichsfeld was höre, dann stelle ich jede Eichsfelder Sendung an. In Wirklichkeit bin ich doch ein bißchen immer noch im Eichsfeld geblieben. Wenn das ein paar Jahre eher gewesen wäre, ich glaube, wir beide wären wieder nach Teistungen zurückgegangen und hätten noch hier gelebt.
Rosemarie Hettenhausen,
Erfurt, Jahrgang 1924

Flucht aus der DDR

Von 1949 bis 1989 verließen rund 3,4 Millionen Menschen die DDR. Zwischen dem Jahr der Gründung der DDR und dem Bau der Berliner Mauer 1961 waren es allein knapp 2,7 Millionen DDR-Bürger, die einen Antrag auf Notaufnahme in der Bundesrepublik stellten. Zwischen August 1961 und November 1989 verließen noch rund 900.000 Menschen das Land.

1952 begann mit der Errichtung der ersten Grenzsperranlagen die Abriegelung der Grenze zur Bundesrepublik. Hatten bis zu diesem Zeitpunkt viele Flüchtlinge den Weg noch über die grüne Grenze gewählt oder waren von Fahrten in die Bundesrepublik nicht zurückgekehrt, versuchten sie nun, über Berlin in den Westen zu gelangen. In den folgenden Jahren setzte eine massenhafte Fluchtbewegung in Richtung Bundesrepublik ein. Die Motive für die Flucht waren vielfältig. In den Jahren 1960/61 waren es besonders viele Bauern, die die DDR verließen. Sie wurden unter Druck gesetzt, ihren »freiwilligen« Beitritt in die LPG zu erklären. Nachdem Ende 1955 nicht einmal 50 Prozent der Bauern Mitglieder in den Genossenschaften waren, verstärkte die Staatsführung den Druck erneut. Der Beitritt wurde nun zwangsweise vollzogen. Viele Bauern verließen in der Folge ihre Höfe und flohen über die Grenze in den Westen.

Durch die Abwanderung junger, gut ausgebildeter Leute und die schlechte wirtschaftliche Lage war die Existenz des Staates gefährdet. Im Juli 1961 hatten täglich über 1.000 Menschen die DDR verlassen, Anfang August waren es rund 1.500. Dieses gewaltige Ausmaß nahm die DDR-Führung zum Anlaß, am 13. August 1961 die Grenze vollständig abzuriegeln und mit dem Bau der Berliner Mauer zu beginnen.

Nach dem Mauerbau war die Flucht über Berlin durch die Absperrungen nahezu unmöglich geworden. Auch die Sperranlagen entlang der innerdeutschen Grenze wurden weiter ausgebaut. Die Zäune wurden erhöht, Holzpfähle durch Betonpfeiler ersetzt, die Zwischenräume vermint. Wachtürme wurden errichtet, an unübersichtlichen Stellen Hunde eingesetzt. Ab 1970 wurden am Metallgitterzaun Selbstschußanlagen (die Splittermine SM 70) installiert, die vielen Flüchtlingen das Leben kosteten oder sie schwer verletzten. Als Folge ging die Zahl der Flüchtlinge stetig zurück. Insgesamt kamen etwa 40.000 Menschen als sogenannte »Sperrbrecher« von August 1961 bis Ende 1989 aus der DDR in die Bundesrepublik. Ihnen war es gelungen, unter Lebensgefahr die Sperranlagen zu überwinden.

Über 950 Menschen kamen an der innerdeutschen Grenze zu Tode. Viele wurden während ihrer Flucht schwer verletzt. Häufig waren die Verletzungen insbesondere durch Minen und Selbstschußanlagen so gravierend, daß die Flüchtlinge lebenslang an den Folgen litten. Obwohl Mitte der achtziger Jahre aufgrund ständiger internationaler Proteste die Minen und Selbstschußanlagen geräumt und abgebaut worden waren, wurde die Grenze nicht durchlässiger. Die im Sperrgebiet geltenden Bestimmungen und Kontrollen verhinderten, daß viele Fluchtwillige die Grenze überhaupt erreichten. Sie wurden bereits im Grenzgebiet von der Polizei und den Grenztruppen festgenommen. Ihnen drohte eine bis zu zweijährige Haftstrafe wegen ungesetzlichen Grenzübertritts.

Die Blumenzwiebeln sind angekommen. Das war unser Code.

FLUCHT NACH DER ZWANGSAUSSIEDLUNG
AUS DEM SPERRGEBIET, 1952
Wir kamen da oben an (Flatow, Mecklenburg) und haben in dieser fürchterlichen Behausung gelebt. Wir haben uns einigermaßen eingerichtet, und dann habe ich den Plan gefaßt, erstmal Verbindung zum Westen aufzunehmen. Mein Vater wurde krank, und es war weit und breit kein Krankenhaus. Deshalb haben wir gedacht, dann lassen wir das bißchen, was wir gerettet haben, auch noch im Stich und nur noch weg hier und sonst nichts. Eines Tages bin ich nach Berlin gefahren. Es war schwierig, weil man mir den Ausweis abgenommen hatte. Wenn ich in eine Kontrolle geraten wäre!

Ich bin für drei Tage zuerst nach Ostberlin, von dort zu meinem Onkel nach Westberlin gegangen und habe Erkundigungen eingezogen, ob es möglich ist, in den Westen zu gelangen. Man sagte uns, im August ist Katholikentag in Berlin, und dann bestehe die Chance, daß, weil wir keine Ausweise hatten, wir ohne Kontrolle nach Westberlin gelangen könnten. Das war jetzt unsere Hoffnung. Ich bin nach drei Tagen wieder zurück nach Flatow und habe meine Eltern informiert. Die haben sich nach und nach darauf vorbereitet. Wir haben Pakete mit Wäsche in den Westen an verschiedene Adressen geschickt. Wir haben die Pakete bei Nacht und Nebel weggebracht zu verschiedenen Postämtern und Bahnstationen, weil wir beobachtet wurden. Das wußten wir inzwischen. Es

Die Familie Koch vor ihrem Abflug in die Bundesrepublik Ende August 1952 mit Verwandten vor ihrem Westberliner Quartier. Vordere Reihe, von links nach rechts: die Eltern Emilie Hoffmanns (geb. Koch) mit Erna Reimann und Schwester Anni; hintere Reihe: die Brüder Emilie Hoffmanns, die Tochter von Erna Reimann und Emilie Hoffmann selbst. Im Sack eingeschnürt, links neben der Treppe, das gerettete Federbett.

durfte keiner in Erfahrung bringen, daß irgend etwas im Gange war. Dann habe ich das Angebot bekommen, eine Stelle in Erfurt anzutreten, in einem Haushalt, durch Bekannte von uns. Die haben mich da oben abgeholt, und dann habe ich zu meinem Vater folgendes gesagt: »Ich ziehe jetzt nach Erfurt«, – wir wollten die Möbel, die wir da rauf bekommen hatten, auch noch retten – »und versuche eine Wohnung zu bekommen. Und wir tun so, als ob wir nach Erfurt ziehen. Dann setzt Ihr Euch in den Zug, fahrt nach Ostberlin, und die Möbel gehen ab nach Bischofferode.« Das haben wir auch so gemacht. Ich habe die Stelle in Erfurt angetreten und von dort aus Briefe geschrieben, unter anderem auch, daß ich ein Gartenhäuschen gemietet hätte, und daß mein Vater die Luft da oben nicht verträgt, und daß er nach Erfurt kommen soll, da er die Luft da besser verträgt. Zu der Zeit war er noch nicht im Krankenhaus. Mit diesem Brief ist mein Vater zum Bürgermeister gegangen und hat gesagt: »Meine Tochter ist in Erfurt, wir ziehen jetzt dorthin.« Wir haben einen Waggon bestellt und unsere Möbel in den Waggon geladen. Wir hatten unsere Verwandten in Holungen schon benachrichtigt, die haben die Möbel in Bischofferode am Bahnhof abgeholt. Die Möbel sind nach Bischofferode gegangen. Und meine Eltern sind in den Zug gestiegen, der nach Ostberlin ging. So ist es gar nicht aufgefallen, die im Dorf haben geglaubt, wir ziehen nach Erfurt. Ich bin in Erfurt gewesen und bekam ein Telegramm: »Die Blumenzwiebeln sind angekommen.« Das war unser Code, unser Geheimcode. Da wußte ich, daß meine Eltern gut in Berlin angekommen sind. Es war schon ganz schwierig.

Wenn wir in eine Kontrolle gekommen wären! Wir hatten die Betten, das war damals ein Reichtum, die Federbetten. Und da hatten wir ausgemacht, mein Bruder tritt eine Stelle in Ostberlin an und muß sein Bett mitbringen. Wir hatten die Betten in einem Abteil und alles verteilt. Als die Kontrolle kam, hörte ich: »Wem gehört das Gepäck hier?« »Das ist mein Bett. Ich habe eine Stelle in Ostberlin, und da muß ich ein Bett mitbringen.« So haben wir unsere Betten mitgekriegt. Ich habe das Telegramm gekriegt und bin nach Berlin gefahren. Ich wollte eigentlich gar nicht in den Westen, ich wollte in Erfurt bleiben. Ich hatte zu der Zeit einen Freund, der damals in Weimar studierte, und hatte eigentlich gar kein Verlangen, in den Westen zu gehen. Ich bin dann aber nach Berlin nur mit einer Tasche, alles andere habe ich in Erfurt gelassen. Ich bin in Berlin angekommen, meine Eltern hatten inzwischen bei meinem Onkel Aufnahme gefunden. Die hatten sich, das Haus war zum Teil ausgebombt, oben auf dem Boden zwischen altem Gerümpel ein Matratzenlager eingerichtet, damit sie wenigstens ein Dach über dem Kopf hatten. Sie brauchten nicht durchs Lager, denn es war damals wichtig und erforderlich, daß man registriert wurde, daß man durchs Lager ging, einen Laufzettel bekam und sich jeden Morgen anstellen und zum Flüchtlingsamt in die Kuno-Fischer-Straße mußte. Da standen Tausende von Menschen, die alle in den Westen wollten, die mußten sich alle registrieren lassen. Dazu kam, daß man nachweisen mußte, daß man politisch verfolgt war, denn irgend jemand mußte ja die Kosten übernehmen. Weil ich zwei Brüder hatte, die im arbeitsfähigen Alter waren, mußten

sie sich bereit erklären, im Ruhrgebiet, damals wurden Arbeitskräfte gesucht, im Bergbau zu arbeiten. Deshalb haben wir keinen Zuzug nach Niedersachsen bekommen, was wir eigentlich gerne gehabt hätten, weil da unsere ganzen Verwandten lebten. Dann hat wahrscheinlich der Bergbau die Kosten des Fluges übernommen. Mein Vater kam in Berlin gleich ins Krankenhaus. Da sahen sie schon, mit dem war nicht mehr viel los, der war nicht mehr arbeitsfähig, der war ein kranker Mann. Meine Mutter und ich mußten jeden Morgen auf dieses Flüchtlingsamt und uns melden, um Stempel zu holen oder eine Nummer zu bekommen für den nächsten Tag, um den gewissen Stempel, der benötigt wurde, in dem Laufzettel zu haben. Drei, vier Wochen hat das wohl gedauert, ehe wir anerkannt wurden als Flüchtlinge und ausgeflogen wurden.
Emilie Hoffmann, geb. Koch,
Herten, Jahrgang 1931

Es waren zwei Sekunden, dann waren alle über den 10-Meter-Streifen.

FLUCHT AM 26. OKTOBER 1960 AUS ECKLINGERODE
Mein Mann konnte sich nicht damit abfinden, daß er selbständiger Landwirt gewesen war und nun in die Kolchose sollte, wie es früher hieß. Das ist vielleicht damals auch zu brutal vorgegangen. Man hätte vielleicht noch ein bißchen warten sollen. So kamen die, und die Männer wurden morgens früh um fünf schon aus dem Haus geholt, daß sie unterschreiben und so. Das war verkehrt. Man hätte es vielleicht erstmal ausreifen lassen sollen, aber vielleicht hätte von selber auch kei-

ner sein Land abgegeben. Von Erfurt kam damals diese Abordnung, die uns bekniet hat: »Und jetzt wird unterschrieben!«

Schon im Laufe des Sommers und im Herbst war es günstig (für die Fluchtabsichten), da konnten wir mit dem Kastenwagen losfahren und die Kinder mitnehmen zum Helfen. Die Kleinste, die war noch keine zwei Jahre, die kam in den Kastenwagen, Pferde und Kühe dicht an die Grenze. Ich habe das so gemacht: Da waren doch diese Schießlöcher, wo die Vopos drin saßen am 10-Meter-Streifen. Da bin ich mit meinen Kindern los und habe gesagt: »So, jetzt schreitet Mutti mal das Land ab. Mal sehen, wie viele Runkeln wir heute schaffen.« Ich bin am ersten Loch – leer, wieder hoch zum Land – leer. Und da sah ich meinen Mann schon mit den Pferden und den zwei großen Jungen ankommen. Da habe ich gesagt: »Die Schießlöcher sind nicht besetzt.« Da sagt er: »Dann fahren wir sofort.« Da war was los. Die großen Jungs, die sagten: »Ja, wir fahren mit, da kriegen wir auch mal Schokolade.« Die älteste Tochter, die schrie: »Dann sehe ich ja meine Oma nicht wieder.« Die wollte nicht mit, die mußte mein Mann noch packen und neben den Wagen stellen. Wir konnten ja damit rechnen, daß die uns von dem Turm gesehen hatten. Da hat er gesagt: »So, jetzt rüber. Wenn die Pferde oder das Vieh nicht mitmachen, alles stehenlassen. Nur Ihr rüber.« Die waren sehr nervös, als ob das Vieh das gemerkt hatte. Es waren zwei Sekunden, dann waren alle über den 10-Meter-Streifen. Wir konnten auch ein bißchen sicher sein, wir sahen den Zoll (der Bundesrepublik) von hier. Als wir angefahren sind, kamen zwei

Die alte Verbindungsstraße zwischen Gerblingerode und Teistungen (heutige B 247) war nach ihrer völligen Sperrung häufiges Ziel von Besuchergruppen, die sich über die Grenzanlagen informieren und einen Blick hinüber in die DDR werfen wollten. Im Vordergrund ist ein Beamter der Zollgrenzaufsichtsstelle Gerblingerode zu sehen, April 1960.

hinter dem Busch her und zwei hinter einer Strohmiete. Da waren wir sicher: Jetzt kann uns nix mehr passieren. Wie nachher erzählt wurde, war anschließend was los in Ecklingerode. Kaum, daß wir rüber waren, da sind die Vopos mit dem Krad gefahren. Aber es war ja nix mehr zu machen. Wir waren weg.

Meine Familie, das waren damals sechs Kinder, der Älteste 14, die Jüngste wurde erst zwei. Untergekommen sind wir hier erst in der Jugendherberge, hatten aber auch Verwandte. Weil mein Mann Landwirt war, kam gleich ein Landwirt und bot uns eine Wohnung an. Das war wunderbar. Nur, wir kamen in die leere Wohnung und hatten an alles gedacht, aber nicht an eine Glühbirne. Da haben wir abends erstmal im Dunkeln gesessen. Am nächsten Tag hatte ich Erbsensuppe gekocht. Als wir essen wollten, hatten wir Teller, aber keine Löffel. Und so ging das anfangs, aber wir haben es mit Humor getragen. Wir haben's auch geschafft. Nein, es war nicht so einfach, es war ja kein Bett, kein nix da, nich. Wir hatten nichts weiter mitgenommen, – als ob wir ins Feld fuhren. Einen Korb mit Proviant, wie das früher war, den haben wir mitgenommen. Mein Mann hat vorsorglich das Familienstammbuch und wichtige Papiere unter den Wagen genagelt. Das war natürlich alles ziemlich lädiert, weil es so geregnet hat. Aber wir hatten wenigstens das Familienstammbuch. Wir kamen im vollsten Regen nach Duderstadt. An der Klappe, da gab uns schon die erste Frau 3 Mark für Brötchen für die Kinder. Auch in der Jugendherberge,

da standen am anderen Morgen schon Tornister und Kleidung für die Kinder. Es haben alle sehr geholfen.
Gertrud Klingebiel,
Tiftlingerode, Jahrgang 1925

Unterschriebet, unterschriebet, die sperret Jek alle noch in!

FLUCHT AM 24. NOVEMBER 1960 AUS ECK-LINGERODE

Die Umstände, hauptsächlich wegen der LPG, weil sie uns mit aller Gewalt in die LPG reingepreßt haben, was wir durchaus nicht gewollt haben. Die haben noch erklärt: »Es soll keiner sagen, er wär nich freiwillig ...« Wir haben unterschrieben: »Ich erkläre mich freiwillig bereit, in die LPG«, – »Goldene Aue« hat sie damals geheißen, – »in Ecklingerode einzutreten.« Das mußten wir unterschreiben, vielmehr mein Vater, ich hatte ja noch keinen Hof zu der Zeit. Mein Vater war zuerst noch Eigentümer. Die hätten mich zwar mit durchgezogen, aber andere hätten für mich arbeiten müssen, damit ich meinen Lohn kriegte. Was sollte ich dabei machen mit einem Bein? Ich hätte zwar mit meinem kleinen Trecker noch fahren können, 11 PS, aber der war für die LPG doch nicht tragbar. Damit kann man eine Wirtschaft vielleicht von 30, 40 Morgen Land machen, aber doch nicht die ganze Feldflur von mehreren Gemeinden. Das war doch von Teistungen und Wehnde, Ferna, das war damals alles eine Genossenschaft, LPG gewesen. Deswegen haben wir schon den ganzen Sommer geplant abzuhauen – mit Anton Klingebiel, der war zwei Jahre jünger als ich. Wir sind zusammen in die Schule gegangen. Ich kannte ihn sehr gut. Dann ist er doch alleine abgehauen. Darüber habe ich mich natürlich geärgert, als er weggegangen ist und mir gar nicht Bescheid gesagt hat. Ich bin doch noch dabei gewesen, als der abgehauen ist, habe doch Runkelblätter geholt: »Da, gucke da, da fährt er hin, da fährt er hin!« Wir waren oft da hinten an der Grenze, ich habe da Runkelblätter geholt oder so was. Der hatte sechs Kinder. Und die Kühe hat er auch mitgenommen, seine beiden Pferde, so ist der abgehauen. Wir sind dann vier Wochen später weg. Den Großvater (von Frau Gödecke) konnte ich nicht dalassen. Mein Vater, ja, es war meine Schwester noch da, die wohnte nicht in unserem Haus. Aber die war im Dorf, und die wußte auch Bescheid. Zu meiner Schwester habe ich gesagt: »Ich will abhauen. Was machen wir mit Vater?« »Ja, ich bin ja noch da«, hat sie gesagt. Dem Vater habe ich nichts gesagt, da leide ich heute noch drunter, daß ich den in Unwissenheit gelassen habe. Ich konnte nichts sagen, weil der noch nicht begriffen hatte, was passiert war. Das hatte der eben noch nicht begriffen. Wenn der gewußt hätte, daß ich weg will, der hätte mich vielleicht noch bei dem Bürgermeister oder irgendwo ... Dann haben wir dafür gesorgt, daß der Großvater erstmal wegkommt, dahin, wo er eigentlich hingehörte, zu seiner Tochter nach München. Das ist auch genehmigt worden. Er war schon 87, allein konnte er da nicht hinfahren. Als Begleitung konnte meine Frau, die Enkelin, mit. Sie konnte auch noch die zwei ältesten Kinder mitnehmen. Der Junge war sechs Jahre und unsere Tochter war vier Jahre alt. Ich hatte noch den Kleinen mit 16 Monaten zu Hause. Er war bei den Nachbarsleuten. Acht Tage lang ist ein innerer

Das Haus der Familie Klingebiel in Ecklingerode.

Kampf in mir gewesen: Los, mach, daß du fort kommst. Nein, es geht nicht, die Grenze ist besetzt, kannst nicht durchfahren! – Jedesmal, wenn ich am nächsten Tag wieder direkt von der Grenze Runkeln weggeholt habe. Dann am Donnerstag, dem 24., habe ich mir gesagt: Jetzt mußt du fahren, sonst wird es nix mehr. Das ist mir auch geglückt. Der Kleine, der war so ruhig, und dann waren wir hier. Ich habe sofort Telegramme geschickt nach München. Ich hatte einen Bekannten auf dem Postamt, auch ein Ecklingeröder, der hat das gleich gemacht. Zwei Stunden später kriegte ich keine Antwort. Da habe ich noch eins losgeschickt. Ich habe gedacht: Auf einmal fährt meine Frau wieder zurück, ich bin hier, und sie ist wieder drüben. Das konnte auch passieren. Und dann habe ich Rückantwort gekriegt.

Wir haben gedacht, wir könnten nach Bayern. Denkste! Ich war hier rübergekommen, ich war hier gemeldet, ich mußte auch hier zu dem Notaufnahmelager nach Uelzen. Und da konnte ich nicht nach Bayern, und dadurch sind wir jetzt hier. Zwei, drei Geschwister, zwei Brüder und eine Schwester, die sind da unten in Siegersbrunn bei München. In Bayern hätte ich mich vielleicht auch nicht so wohl gefühlt. Ich weiß nicht, das ist ein anderer Schlag Menschen in Bayern. Aber hier, hier bin ich zu Hause. Duderstadt kannte ich ja von früher.

Wie der Tag war? Ich habe laufend Runkeln von der Grenze wegfahren müssen, von denjenigen, die schon im Frühjahr abgehauen sind. Die hatten Runkeln an der Grenze, die noch stehengeblieben waren und nun auch geerntet werden mußten. Die sollten

Erst nach der Grenzöffnung im November 1989 konnte Alfons Gödecke erstmals sein Elternhaus in Ecklinge-rode im ehemaligen Sperrgebiet wieder besuchen.

alle eingemietet werden. Das war der Grundstock für die gemeinsame Vieh-haltung. Ich habe noch ein Fuder geholt und erstmal an der Grenze geguckt, sie war frei. Beim zweiten Hinfahren bin ich nach Hause und habe meinen Anhänger geholt. Da hatte ich schon meinen Einachser. Die wichtigsten Papiere und alles, auch ein Bett hatte ich zusammengerollt, das wollte ich mitnehmen, aber das habe ich nachher wieder runtergeworfen, das ist in der Scheune liegengeblieben. Da bin ich losgefahren, und da hat der Bürger-meister, der war damals noch in der Tiefen Straße, gesagt, ich sollte noch ein Fuder Runkeln auf den Hof brin-gen. Da waren schon Rinder, die sie schon für die LPG fütterten. Das war der Anfang der LPG. Wir mußten jetzt alles abernten, aber wir durften nichts mehr ausbestellen. Das wurde dann

alles gemeinsam gemacht. Das war im Herbst 1960, von da an ging die LPG los. Da ist mir der Eckermann entgegen-gelaufen und wollte mir helfen. Der dachte, ich hinge in dem Hohlweg fest. Er hat sich dann draufgesetzt bis vor den Grenzzaun, und da hab' ich gesagt: »Jetzt fahre ich geradeaus.« Es war nie-mand an der Grenze. Als einzige Waffe hatte ich eine Mistgabel, die hatte ich auf dem Trecker. Wenn mir da einer entgegengekommen wäre, den hätte ich vielleicht an der Gabel aufgespießt.

Wenn die LPG nicht gekommen wäre, dann wäre ich ja nie von zu Hause weg-gegangen. Ich bin heute noch heimat-verbunden und fahre gerne nach Hause, nach Ecklingerode. Es sind bloß keine mehr da, die man kennt. Die jungen Leute kennt man nicht, da muß man fragen: Wer ist dein Vater? Meistens heißt es schon: Wer ist dein Großvater?

Die kenne ich ja alle, aber die jungen Leute nicht mehr. Ich habe manchmal da oben gestanden an der Grenze und habe geguckt, da konnte ich unser Haus sehen, vom Kutschenberg aus da oben nach Wehnde. Ich weiß noch, wo mein Vater beerdigt worden ist, da haben wir da oben gestanden und durften zugucken. Am 4. April 1962 ist er gestorben, und da konnten wir zugucken. Die durften noch nicht einmal vom Friedhof aus winken. Ich weiß noch, meine Tante, die Schwester meiner Mutter, die hat noch gewunken. Das haben wir mit dem Fernglas gesehen.

Der Grund, warum ich abgehauen bin, war die Gründung der LPG in Ecklingerode. Mit 13 Mann haben sie die Bauern überfallen. Schlagartig sind sie ins Dorf gekommen und haben sie zusammengetrommelt. Sie mußten dann unterschreiben. Keiner, der freiwillig beigetreten war, keiner in Ecklingerode. Es wurde dann aufgesetzt: »Ich erkläre mich freiwillig bereit, mit meinem Betrieb und so und soviel Hektar der LPG ›Goldene Aue‹ beizutreten.« Es hat keiner freiwillig unterschrieben, sondern mit Gewalt haben sie es durchgeführt. Die Grüne Minna hat im Dorf gestanden. Die Frauen haben gesagt: »Unterschriebet, unterschriebet, die sperret Jek alle noch in.« (Unterschreibt, unterschreibt, die sperren Euch alle noch ein.) Die haben die LPG gegründet ohne unsere Einwilligung.

In Duderstadt sind wir gut aufgenommen worden von dem Bauern Schaberg, der uns zwei leere Zimmer zur Verfügung gestellt hat, und wo uns dann das Sozialamt Duderstadt mit dem notwendigen Hausrat für fünf Personen versorgt hat: Schlafzimmer, Betten, Kücheneinrichtung und Gerät.

Alles neu aus den Geschäften in Duderstadt. Wir hatten doch nichts außer dem 11 PS Deutz-Trecker.
Alfons Gödecke,
Tiftlingerode, Jahrgang 1920

Ich habe in dem Moment nicht an Gefahr gedacht, ich habe nur den Mann gesehen.

RETTUNG EINES SCHWERVERLETZTEN AUS EINEM MINENFELD AM 12. APRIL 1971
Meine Eltern wohnten seinerzeit in Fuhrbach, und wir haben an diesem bekannten Tag meine Eltern zum Nachmittagskaffee besucht. Diese Angelegenheit mit dem L. ist passiert oberhalb des Frankentales vor der Fuhrbacher Gemarkung und oben am Bundsberg. Wir sind da mit meinen Eltern spazieren gegangen, meine Kinder, meine Frau. Und oberhalb des Tales, kurz vor einer Waldschneise, gab es einen sehr lauten Knall. Da sagte ich: »Da ist eine Mine detoniert.« Mein Vater, schon in sehr hohem Alter, konnte natürlich nicht so schnell laufen. Ich war damals noch nicht krank und einigermaßen gesund, bin den steilen Berg hochgelaufen, und dann habe ich es gesehen. Da kam ein junger Mann, stand schon vor der Grenzanlage, voll Dreck und schrie immer. Und in dem Minenfeld, zwischen den Zäunen, lag ein junger Mann, so etwa ein Meter vorm Zaun, innerhalb des Zaunes und wälzte sich immer und schrie immer: »Mein Bein, mein Bein, mein Bein!« Ich sagte jetzt zu dem, der schon vor dem Zaun stand: »Hilf mal mit, wir müssen den Zaun hochreißen, vereint hochreißen, daß wir an den Mann rankommen.« Wir haben den Zaun, den Grenzzaun, hochgerissen. Ich sagte dann: »Du

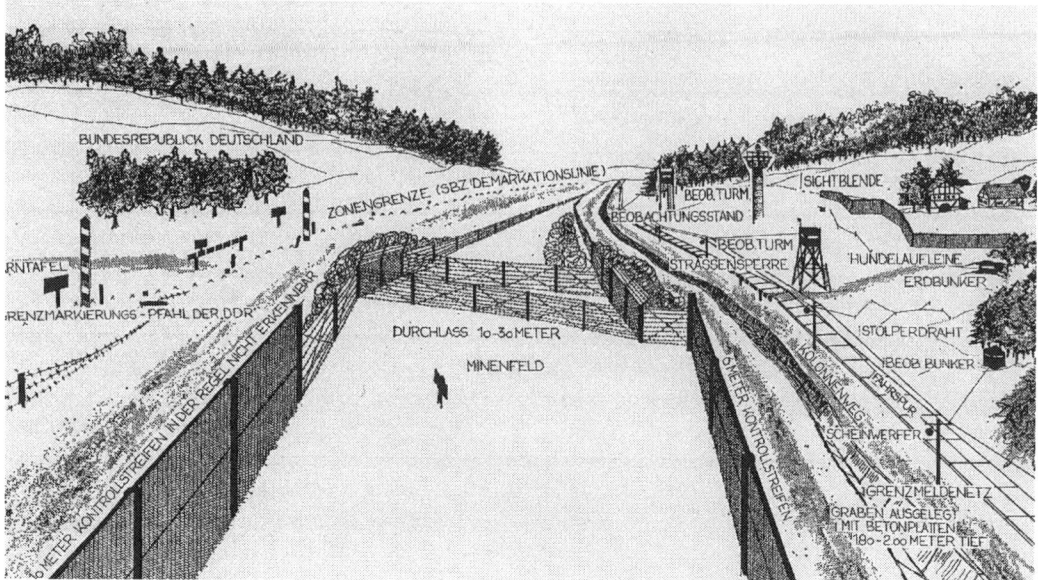

Aufbau der Sperranlagen Ende der sechziger Jahre. Bis Mitte der siebziger Jahre wurde die Grenze in Veröffent-lichungen der Bundesrepublik als »Zonengrenze« bezeichnet. Das Schema entstammt einem Informationsfalt-blatt über die »Zonengrenze – Niedersachsen« aus dem Jahre 1969.

bleibst vorne stehen, hältst den Zaun fest, daß ich durch diese kleine Lücke rein kann zu dem verletzten Mann.« Das haben wir getan. Der hat den Zaun festgehalten. Dieser junge Mann wälzte sich etwa ein Meter innerhalb des Minenfeldes auf der Erde. Ich bin durch diese Lücke reingekrochen, kam zu ihm, hab' ihn an den Armen und dem Bein gefaßt, was noch gesund war. Ich konnte im Moment nicht sehen, daß das eine Bein ganz abgerissen war. Ich habe ihn aus dem Minenfeld rausgerissen nach vorne. Und als wir vorne waren, hat der zweite Mann den Zaun runterklappen lassen. Ich habe in dem Moment nicht an Gefahr gedacht, ich habe nur den Mann gesehen. Wie kann man ihm helfen? Denn er schrie vor lauter Schmerzen und wälzte sich, das war mein einziges Denken. Ich habe nicht daran gedacht, in welche Gefahr ich mich dabei begebe, ob da

noch Minen liegen. Ich habe schnell meine Krawatte abgebunden, und wir haben sein verletztes Bein, seinen ver-letzten Fuß, erstmal abgebunden. Das war das Erste, daß die Blutstillung gesichert war. Dann haben wir einen Sitz gemacht, Herr Z. links und rechts, und dann saß der junge L. in einer Trage von uns. Und er hat seine Hand, die noch heile war, um meinen Hals und Z.s Hals geschlungen, und dann haben wir ihn im Laufschritt über die äußere Grenzbefestigung hin zu einer Waldschneise getragen. Am Waldrand haben wir einen kurzen Holzknüppel genommen und haben die Krawatte damit abgedreht und dann stoßweise wieder aufgemacht. Wir wollten ja die Blutzufuhr vom ganzen Körper nicht unterbinden. Dadurch haben wir aber den Blutverlust des Mannes unterbun-den. In der Zwischenzeit ist auch meine Frau gekommen, der Vater war oben an der Sicherungsanlage. Auf Grund der Schwere der Verletzung, die dem Herrn L. zugestoßen war, habe ich meiner Frau zugerufen: »Bleib' Du mit Deinen Kindern, mit den kleinen Kindern unten, diesen Anblick werden die im Leben nicht vergessen. Aber sorg' bitte dafür, daß von den nahegelegenen Zollhäusern der Krankenwagen bestellt wird. Der Mann braucht unbedingt ärztliche Hilfe. So schaffen wir das nicht alleine, der muß versorgt werden.« Meine Frau hat den Krankenwagen bestellt. Es hat nicht lange gedauert, dann kam der Krankenwagen. Es waren keine zehn Minuten, da war er den Feldweg langgefahren, die Zufahrt an der Waldschneise, und der L. hat die erste ärztliche Versorgung gekriegt. Wie ich das noch in Erinnerung habe, hat der Krankenwagen den L. erstmal vor Ort versorgt. Es war ein Arzt dabei. Dann haben die die beiden nach Duderstadt ins Krankenhaus St. Martini gefahren. Wir waren mit dem Verletzten hinter eine Waldschneise, die von der DDR-Seite nicht einzusehen war, gegangen. Es hat nicht lange gedauert, da waren an der Grenze Vopos, die haben den ganzen Abschnitt erstmal besetzt. Wir waren aber nicht sichtbar für diese Vopos, Volkspolizisten, für die Grenzwächter. Die konnten in dem Moment auch nicht mitkriegen, wer verletzt ist. Die werden sicher den abgerissenen Fuß in dem Minenfeld gesehen haben. Die hatten ja einen Verlegeplan nach den Minen, der existierte ja sicher überall. Daher wußten die auch, wo die Stolperdrähte sind, daß die den minenverletzten Fuß aus dem Minenfeld rausholen könnten.

In dem Moment denken Sie nicht daran, daß Sie die BRD, die Bundesrepublik verlassen und auf DDR-Gebiet sind. Sie sehen nur einen Mann, der wälzt sich vor Schmerzen und schreit um Hilfe, und sehen, daß er sich in dem Minenfeld befindet. Da denken Sie nicht daran, in welche Gefahr Sie sich auch begeben haben, daß Sie die Bundesrepublik jetzt verlassen haben. Das bedenken Sie ja gar nicht. In diesem Falle war ich schon 10 bis 15 Meter auf DDR-Gebiet, dann war ja erst der Zaun, und dann kam das Minenfeld. Daran denken Sie in dem Moment nicht. Wichtig war die Hilfe, das ist alles. Die Grenzanlage befand sich an dieser Stelle an einer Waldschneise, da wurde, um die Grenzanlage anzulegen, ein Wald durchschnitten. Im nachhinein, abends, als wir zu Hause waren, da ist uns das alles erst richtig bewußt geworden: Was ist da passiert? Was hast du überhaupt gemacht? Wo, in welcher Gefahr hast du dich selbst befunden? Die Eltern und die Frau sagten: »Mensch, guck mal hin, habt Ihr Glück gehabt, daß die Euch nicht gesehen haben. Es hätte Dir auch etwas passieren können. Als Du in das Minenfeld reingegangen bist, hätte eine zweite Mine hochgehen können.«
Alois Bley,
Duderstadt, Jahrgang 1940

In diesem Moment waren wir die glücklichsten Menschen der Welt.

Fluchthilfe am 12. Oktober 1980 über den Grenzübergang Duderstadt/Worbis
Ich habe im Frühjahr 1980 meine jetzige Frau in Worbis kennengelernt. Wir haben gemerkt, daß wir zusammen bleiben wollten. Das war natürlich durch die innerdeutsche Grenze eigentlich unmöglich. Besuchsweise konnte

ich jede Woche einmal in die ehemalige DDR fahren, weil mein damaliger Wohnort durch eine Eingemeindung in das 60-Kilometer-Grenzgebiet kam und kleiner Grenzverkehr möglich war. Dadurch konnte ich meine Freundin jede Woche einmal sehen.

Nun hat sich natürlich die Frage erhoben: Wie können wir zusammenkommen? Da haben wir verschiedene Möglichkeiten in Erwägung gezogen, zum Beispiel ob ich in die DDR übersiedele. Aber das war für mich eigentlich kein Thema. Meine Verdienstmöglichkeiten und auch meine ganze Lebensweise hätte ich umstellen müssen. Ich hätte es meiner Frau zuliebe vielleicht gemacht, aber ich wollte erstmal hören, ob nicht was anderes möglich ist. Dann habe ich verschiedene Möglichkeiten in Betracht gezogen, Fluchthilfe auch. Ich habe Erkundigungen eingezogen. Es war mir eigentlich zu teuer, die wollten zu viel Geld haben und konnten mir auch keine Erfolgsgarantie geben. Ich habe dann, eigentlich durch einen Zufall, der entscheidend war, ein Auto entdeckt. Ich ging abends durch die Stadt und sah das Auto am Straßenrand. Es hatte eine mächtig große Ablage hinten. Da kam mir der Gedanke: Das müßte eigentlich das Auto sein. Es war ein Ford, Ford Konsul hieß dieses Modell. Es ist relativ selten gebaut worden in der Coupe-Ausführung, wurde auch schon ein paar Jahre nicht mehr gebaut. Wenn ich mir einen großen Mercedes gekauft hätte als Gebrauchtwagen, die waren ja auch nicht teuer, oder einen Opel Kapitän, die waren auch sehr groß, nur wurden die in so großen Stückzahlen gebaut, die waren hier an der Grenze, bei den Grenzern, alle bekannt. Die wußten genau, wenn am Kofferraum

etwas verändert wurde. Das mußte man ja machen, um einen Menschen da hineinzukriegen, dann hätten die das sofort gesehen.

Ich mußte erstmal einen Händler suchen, wo ich so einen finde. Ich habe durch großes Glück einen entdeckt, den habe ich gekauft und zugelassen. Nun hatte ich das Auto, nun fing das Problem eigentlich erst an. Jetzt mußte ich wen finden, der mir den Kofferraum so verändern konnte, daß ich meine Freundin unterbringen konnte. Die war zu der Zeit nicht gerade die Dünnste. Ich hatte eigentlich schon die Hoffnung aufgegeben, noch eine Werkstatt oder irgendwen zu finden, weil die meisten, wo ich hinkam, so dumm gesagt haben: »Da kommste beim TÜV nicht mit durch.« Ich habe nicht gesagt, was ich damit vorhatte. Dann habe ich doch noch einen gefunden, der das machte, ohne mich zu fragen: »Wo wollen Sie damit hin, und was haben Sie damit vor?« Die Werkstatt hat das wirklich sehr gut gemacht. Die haben die Zwischenwand zwischen der Rücksitzlehne und dem eigentlichen Kofferraum etwas nach hinten versetzt, damit sich ein Mensch da kurze Zeit aufhalten konnte. Vorher hatte ich schon zu dem Meister gesagt, das sollte so gut gemacht sein, daß es kein Grenzer irgendwo in Europa, ich habe nicht gesagt DDR, wenn er den Kofferraum aufmacht, erkennt: Ach, hier ist ja etwas verändert. Ich war natürlich mächtig aufgeregt, als ich es geholt habe. Ich machte den Kofferraum auf, guckte rein, der hat mir noch mit der Taschenlampe reingeleuchtet, damit ich richtig gucken kann. Ich konnte nichts entdecken. Es war wirklich hervorragend gemacht. Das Auto war damals schon, ich glaube, sieben Jahre alt. Es stand schon ein oder zwei Jahre still und war natürlich auch vom Lack her nicht mehr neu. Nun mußten die auch den Lack so hinkriegen, daß hinten kein neuer Lack war. Das hat alles geklappt. Nun kam das Problem mit der ersten Fahrt hierher. Ich hatte das Auto zugelassen und habe die erste Testfahrt nach Worbis gemacht. Ich muß ehrlich sagen, die meiste Angst hatte ich eigentlich bei der ersten Fahrt. Es war ja so, an der DDR-Grenze, Einreise, egal wo, hieß es immer grundsätzlich: Aussteigen, die Motorhaube auf, Kofferraumhaube auf, Rücksitz hochheben und alles ausräumen, was drin war. Da dachte ich, wenn der jetzt in den Kofferraum schaut und sieht, daß da etwas verändert ist, dann hätten sie mich schon verhaftet. Die haben nichts festgestellt.

Wir haben dann mal Sitzprobe gemacht bzw. Liegeprobe. Meine Freundin hat sich einmal da hineingezwängt. Ein paar Pfündchen mußte sie noch wegtrainieren, es war ein bißchen eng. Es war im Juli/August 1980. Ich wollte eigentlich mit dem Auto noch recht viele Probefahrten machen, da kam die Bestimmung der damaligen DDR, daß der Zwangsumtausch von 13 Mark auf 25 Mark erhöht wurde. Dies kam immer kurzfristig zusammen, wie sonntags bekanntgegeben und montags ist es in Kraft getreten, so in der Art. Meine Freundin sagte an dem Wochenende: »Wir müssen es an diesem Wochenende machen, denn danach fährt erstmal kein Besucher mehr vom Westen in die DDR. Die Leute fahren an dem Wochenende wahrscheinlich alle noch einmal rüber zu ihren Verwandten. Denn wenn es fast das Doppelte kostet, fährt erstmal keiner rüber.« Damit war es ein-

geplant. Ich mußte vor 24 Uhr an der Grenze sein zur Ausreise. Ich sagte zu meiner Freundin: »Heute nacht ist bestimmt mächtig Andrang an der Grenze. Vielleicht gucken sie nicht so genau hin. Da ist sicher eine Kolonne, die alle wieder heim wollen.« So um halb zwölf sind wir von Worbis weggefahren in Richtung Grenze. Ich sagte meiner Freundin, sie hat alles gehört hinten drin: »Es ist kein Auto vor uns.« »Na ja«, sagt sie, »die sind schon alle unten.« Wir haben gesprochen bis kurz vor die Grenze. Da war ein Parkplatz, wo der Intershop auch war, da konnte man vorher noch einmal halten, ohne gleich an die Grenze zu fahren. Es war kein Auto vor uns. Ich habe leise zu ihr gesagt: »Wir bleiben hier noch ein Moment stehen, zehn Minuten haben wir Zeit. Sicher kommen noch ein paar.« Fünf vor zwölf kam ein Auto, den haben wir vorfahren lassen. Wir sind dem hinterher gefahren, der wurde abgefertigt, und dann kamen wir dran. Das Übliche: Aussteigen, Motorhaube auf, Kofferraum auf, Sitz hinten hoch. Wie immer hat der Grenzer das kontrolliert. Er hat mit der Taschenlampe auch noch hineingeleuchtet in den Kofferraum. Ich hatte noch ein paar Blumenstöcke in Worbis gekauft, die hatte ich hinten reingelegt. Das Ganze hat ungefähr zehn Minuten gedauert. Die Prozedur war das Übliche, und ich konnte wieder einsteigen, konnte weiterfahren bis zum nächsten Punkt. Da mußten wir wieder halten. Meine Freundin hinten hat natürlich nicht gehustet und auch nicht geniest. Ich hatte ihr noch gesagt: »Wenn einer klopft, darfste nicht herein sagen.« Das Risiko war, daß wir nach der Zollkontrolle, wo dieser Beamte den Kofferraum kontrolliert hat, den Motorraum,

Blick in den Bereich der Paßkontrolle am Grenzübergang Worbis im Jahre 1987.

den Innenraum, selbst dann noch nicht sicher waren. Es konnte bis zu dem Metallbalken gehen. Es hätte ja sein können, daß dem nach zwei, drei Minuten etwas einfällt, daß der sich gesagt hätte: Stop, halt, irgend etwas war mir doch da eben nicht geheuer. Dann brauchte er nur seinen Alarmknopf zu drücken, daß der Balken rauskam, und dann war die ganze Sache aus. Es ist uns aber zum Glück nichts passiert. Wir sind gut durch die Grenze gekommen bis zu dem Bundesgrenzschutzkontrollpunkt. Da war mehr oder weniger nur die Frage: »Haben Sie irgend etwas zu verzollen?« Ich habe natürlich nein gesagt. Erst wollte ich ja sagen: Ja, lebende Fracht habe ich dabei. Wir sind dann auf den Parkplatz hinter dem BGS gefahren, und da habe ich meine Freundin rausgelassen. Wir

sind uns da in die Arme gefallen. Da waren wir natürlich in diesem Moment die glücklichsten Menschen der Welt!

Es hat außer meiner Frau und mir kein Mensch von uns etwas gewußt. Wir konnten es niemandem sagen. Ich habe zu der Zeit bei meiner Mutter gelebt, weil ich geschieden war. Und meine Frau hat bei ihren Verwandten, ihrer Schwester und ihrem Schwager und deren Kindern im Haus in Worbis gelebt. Sie war in der Familie voll integriert, sie konnte keinen Schritt allein machen. Ich bin jedes Wochenende rübergefahren, da mußte sie sich jeden späten Abend, wenn alle im Bett waren, rausschleichen. Ich habe auf sie gewartet. Dann hatten wir fünf, sechs Stunden zur Verfügung, die wir zusammen sein konnten. Sie mußte sich frühmorgens wieder in das Haus schleichen, damit keiner etwas merkt. Wir hatten natürlich großes Glück, daß nie jemand etwas gemerkt hat. Bei mir war es nicht so. Ich war allein und habe nie zu meiner Mutter gesagt, wo ich hinfahre. Sie hat das auch nicht so interessiert.

Wir wollten ihre Verwandten drüben nicht unnötiger Weise gefährden. Denn es war ja damals so, wenn eine Flucht gelungen ist, dann wurden die Verwandten gleich in Sippenhaft genommen. Die wurden wirklich mächtig rangenommen und ausgequetscht. Ihre Verwandten wußten nichts. Für sie war das natürlich ein Handicap, daß die nichts wußten, weil die Leute von der Stasi, die dann kamen, haben das nicht geglaubt. Die haben gesagt: »Sie können uns doch nicht erzählen, daß Ihre Schwester bzw. Schwägerin abends das Haus verläßt für ein paar Stunden, und morgens kommt sie wieder, und Sie merken davon nichts. Der Freund muß doch mal gesehen werden.« Ihre Angehörigen hatten mich ja wirklich nie gesehen. Die wußten wirklich nichts von mir. Das haben die denen aber nicht geglaubt bei den Vernehmungen. Die haben ganz schön was mitgemacht. Meinen Schwager, den haben sie ein paarmal mitgenommen in den Wald. Im Winter war das, im November. Der mußte aussteigen, da war es schon kalt, Strümpfe und Schuhe ausziehen und mußte zehn Minuten stehen bleiben, und die haben im Auto gesessen. Dann haben sie immer mal das Fenster aufgemacht: »Ist Ihnen was eingefallen? Haben Sie uns was zu sagen?« Der hat natürlich geheult, ist ja klar: »Mir fällt nichts ein. Ich kann nur das sagen: Ich weiß nichts.« Es war natürlich für die Verwandten auch schwierig, nur da konnten wir nichts dazu. Wir haben die Gesetze nicht gemacht. Wir wollten nur, daß wir unser Leben zusammen verbringen. Wir haben dann geheiratet und sind heute noch so glücklich wie am ersten Tag.
Walter Hesse,
Duderstadt, Jahrgang 1936

Eine gewisse Angst ist schon dagewesen.

Wir mußten uns immer heimlich treffen, unser Kontakt durfte nicht publik werden. Ich wußte ja nicht, wer das neben mir ist. Der hätte mich genauso gut verraten können. Also durfte es keiner wissen, selbst meine Angehörigen nicht, niemand.

Mein Mann hat sich um die Vorbereitung der Flucht gekümmert. Ich konnte wenig dazu beitragen. Er hat sich dann entschieden, daß wir das mit dem Auto machen. Aber das mußte er alles allein arrangieren, ich konnte ihm ja nicht behilflich sein. Das hat er alles drüben in seinem Heimatort gemacht. Ich mußte ihm da schon blindlings vertrauen. Wir haben uns dann festgelegt auf den Tag, wo der Zwangsumtausch erhöht wurde. Das war der 12. Oktober 1980. Da haben wir das durchgezogen. Das war ganz schön aufregend. Ich mußte mich zu Hause wieder heimlich aus dem Haus schleichen. Als sie alle im Bett waren, bin ich raus, Tür schön zugeschlossen, Schlüssel hingelegt. Den wollte ich nicht auch noch mitnehmen. Ich bin durch den Wald zu meinem Mann an das Auto, dann mußte mich mein Mann verstauen, und dann sind wir losgefahren zur Grenze runter. Das war gar nicht so einfach. Ich hatte ein paar Pfunde zuviel und bin 1,70 Meter groß. Dunkel war es und eng, daß ich gerade so liegen konnte mit angezogenen Knien. So ging es dann, mehr war es nicht. Ich habe wahrscheinlich doch Angst ausgestanden. Mein Mann hat mich immer wieder darauf angesprochen: Ich soll keine Angst haben. Wir sind jetzt da. Wir sind jetzt an der Kontrolle. Er hat sich mit mir unterhalten, aber eine gewisse Angst ist schon dagewesen. Die Angst war ja begründet, denn wenn sie uns geschnappt hätten, wären wir beide erst einmal ins Gefängnis gegangen. Wahrscheinlich wären wir vor der Grenzöffnung gar nicht wieder rausgekommen. Das Risiko, gesehen zu werden und in das Auto mit einer Westnummer zu steigen, war schon groß. Deswegen haben wir uns einen Waldweg ausgesucht, wo wir ungestört waren, wo uns keiner beobachten konnte, als es ins Auto ging. Ausgestiegen bin ich dann am »Hahletal«, wo alles vorbei war. Ich war wie neu geboren. Ein bißchen Angst war immer noch dahinter, weil ich noch nicht so weit weg war. Ich habe immer gedacht, mich könnte noch irgendwo einer krallen. Wir wollten im »Hahletal« übernachten, mein Mann wollte das. Aber ich war nur bestrebt: Weit weg, nur nicht hier bleiben, irgendwo. Also, Angst war schon, aber auch viel Freude.

Meine Schwester, die ganze Familie, hat Schwierigkeiten gehabt, acht Wochen lang. Die haben erstmal das ganze Haus auf den Kopf gestellt, ob sie nicht doch irgendwas finden. Weil sie gesagt haben, sie wußten wirklich nichts, was mit mir war, wie oft ich nachts raus war, wie oft er da war. Die konnten sich das gar nicht vorstellen, aber das haben die eben nicht geglaubt da in Worbis, haben das ganze Haus auf den Kopf gestellt. Dann haben die

morgens einen mitgenommen, mittags den nächsten mitgenommen, und auch die Kinder. Sie haben alle darunter gelitten. Es war eine schlimme Zeit für sie, das glaube ich, aber es ging ja nicht anders. Wie wollte man es anders machen? Ich wollte auch mein Familienleben führen, ein eigenes.

Ich bin in kein Lager gegangen, weil mein Mann das nicht wollte. Ich mußte das auch nicht unbedingt. Wir sind montags auf die Stadt gegangen und haben einen Personalausweis beantragt, was eben alles so zu machen war. Dort haben sie mich zwar gefragt, aber ich habe immer gesagt: »Ich möchte nicht darüber sprechen.« Da haben sie mich auch gehen lassen, haben nicht weiter genervt und gebohrt oder gesagt: »Das können Sie uns doch mal erzählen«, oder so. Ich hatte innerhalb von zehn Tagen den Personalausweis und wollte meinen DDR-Ausweis behalten. Das ging natürlich nicht, ich mußte ihn doch abgeben. Innerhalb von zehn, zwölf Tagen war ich deutscher Bundesbürger.

Hildegard Hesse,
Duderstadt, Jahrgang 1947

Vom Leben im Grenzgebiet

Das 1952 von der DDR-Staatsführung eingerichtete 5 Kilometer breite Sperrgebiet entlang der Grenze sowie der rund 500 Meter breite Schutzstreifen schränkten die Freizügigkeit der dort lebenden Menschen erheblich ein. Ziel der Partei- und Staatsführung war es, durch die besondere Kontrolle und Überwachung des Grenzgebietes unerlaubte Grenzüberschreitungen in Richtung Westen zu unterbinden. Hierfür wurden viele Sonderregelungen geschaffen, die in einer »Grenzordnung« zusammengefaßt waren. Die Bewohner des Sperrgebietes, insbesondere des Schutzstreifens, standen unter der besonderen Kontrolle der Partei, der Volkspolizei, der Staatssicherheit sowie den Grenztruppen. Diese sogenannten »Kräfte des Zusammenwirkens« berieten in regelmäßigen Zusammenkünften über neue Strategien, das illegale Verlassen der DDR zu verhindern. Ihr Ziel war: »Keinem Grenzverletzter darf es gelingen, bis in die Nähe der Staatsgrenze vorzudringen.« Hierzu wurden »Freiwillige Helfer der Grenztruppen« rekrutiert sowie an die Bereitschaft der Bevölkerung zur Mitarbeit appelliert, Fremde in den Ortschaften sofort zu melden und alle verdächtigen Vorgänge weiterzugeben.

Um stets die Kontrolle über das Sperrgebiet zu haben, erhielt die Bevölkerung einen Stempel in ihre Ausweisdokumente, die sie als Bewohner des Gebietes kennzeichneten. Wollte man von außerhalb ins Sperrgebiet einreisen, benötigte man einen Passierschein, den man für einen bestimmten Zeitraum bei den Volkspolizeikreisämtern beantragen mußte. Zufahrtswege gab es nur wenige, diese wurden von der Volkspolizei permanent kontrolliert. Im Schutzstreifen galten strenge Regelungen für die Sperrstunden sowie andere Sondervorschriften. Leitern beispielsweise mußten immer unter Verschluß gehalten werden, um das Übersteigen des Zaunes zu verhindern. Zum Ausgleich für diese Beschränkungen erhielt die Bevölkerung in bestimmtem Umfang finanzielle Zuwendungen und ein größeres Warenangebot. Auch besondere Angebote im kulturellen Bereich wurden gemacht.

***Aber in Kauf genommen haben
wir es, so akzeptiert ohne großen
Protest.***

Ich bin 1944 in Böseckendorf geboren,
aufgewachsen und habe die Grund-
schule in Böseckendorf und im Ortsteil
Bleckenrode besucht. (Böseckendorf
und Bleckenrode lagen im Schutzstreifen.) Böseckendorf gehörte zum damaligen Altkreis Worbis, im äußersten
Zipfel vom Eichsfeld zu den Nachbar-
gemeinden in Niedersachsen. Nesselröden und Immingerode waren nur mit
einer Straße verbunden, die von Berlingerode nach Böseckendorf führte.
Durch die Grenze war die Verbindung
nach Niedersachsen unterbrochen, nach
Immingerode, Nesselröden. Es bestand
zwar eine Verbindung nach der Nach-
bargemeinde Neuendorf, diese war
aber durch die Grenzführung für jegli-
chen Verkehr gesperrt und durfte nur
von den Grenztruppen benutzt werden.
Der Verlauf der Grenze war so, daß
Böseckendorf rundherum durch diese
Grenze eingeschlossen war und nur
ein Zuweg von einer Seite möglich war.

Es gab das 5-Kilometer-Sperrgebiet,
das waren die Nachbarorte Neuendorf,
Berlingerode und Teistungen. Die Maßnahmen waren hier doch nicht ganz so
streng wie im 500-Meter-Schutzstreifen.
Im 500-Meter-Schutzstreifen wurde die
Polizeistunde besonders geregelt. In
den Wintermonaten war die Polizeistunde 21 Uhr und in den Sommermonaten um 23 Uhr. In den sechziger
Jahren war es nur möglich, bis 21 Uhr
nach Böseckendorf einzureisen und

**Bleckenrode, ein Ortsteil Böseckendorfs, lag ebenfalls im 500-Meter-Schutzstreifen. Am Rande des Dorfes be-
fanden sich Beobachtungstürme. Diese Aufnahme entstand Anfang der siebziger Jahre, die Holztürme wurden
zu diesem Zeitpunkt durch Betontürme ersetzt (BT 11).**

auszureisen oder ab 6 Uhr des nächsten Tages und in den Sommermonaten bis 23 Uhr.

Wollte sich jemand Besuch einladen oder Besuch erwarten, mußte er für den Besuch einen Passierschein beim zuständigen Volkspolizeikreisamt beantragen. Die entschieden, ob der Besuch genehm war oder abgelehnt wurde. In der Regel gab es in den ersten Jahren nur Passierscheine für 8 bis 14 Tage, in den späteren Jahren, in den siebziger Jahren, konnten dann auch Passierscheine für vier Wochen beantragt werden. Generell war es die erste Zeit grundsätzlich untersagt, daß die mit ihrem eigenen Fahrzeug nach Bösekkendorf einreisen durften. Der Besuch mußte sich von Bewohnern, die im Ort wohnten, holen lassen. Es war nicht möglich, Freunde und Bekannte nach Böseckendorf einzuladen. Deshalb mußten sämtliche Feierlichkeiten, Geburtstage, Hochzeiten nach außerhalb des Sperrgebietes verlegt werden. Auch bei sämtlichen Tanzveranstaltungen, die in Böseckendorf oder Bleckenrode stattgefunden haben, war es nicht möglich, daß aus den Nachbarorten Jugendliche oder Bekannte zum Tanz reinkamen. Es war einfach nicht möglich. Genau so, wenn ein Jugendlicher sich mit der Freundin treffen wollte, mußten sie sich immer außerhalb von Böseckendorf treffen.

Jeder Einwohner von Böseckendorf bekam den Stempel. Das war ein roter Stempel, der berechtigte, sich in der Gemeinde Böseckendorf nur in der Ortslage aufzuhalten. In der Feldflur, den Sperrgebieten, den Waldgebieten des 500-Meter-Gebietes durften sie sich nicht aufhalten. Der Stempel für das 5-Kilometer-Sperrgebiet war blau, das war der Unterschied. Da konnten die Posten, die Grenzpolizisten, am Stempel schon erkennen, wer ein Bewohner vom Schutzstreifen war oder vom Sperrgebiet. Kurios waren auch die Regelungen zwischen dem Landkreis Worbis und Heiligenstadt. Obwohl wir eine Genehmigung für den 500-Meter-Schutzstreifen hatten, durften wir trotzdem nicht die Straße über den Roten Berg nach Heiligenstadt benutzen. Wir mußten ganz drumherum fahren, ganz außen rumfahren über Leinefelde, um nach Heiligenstadt zu kommen. Später bekamen wir einen Sonderstempel in den Ausweis, daß wir auch über den Roten Berg das 5-Kilometer-Sperrgebiet nach Heiligenstadt durchfahren konnten. Aber es war nur die Ortsumgehungsstraße Günterode.

Die schon von Anfang an in Böseckendorf gewohnt haben, die da geboren sind, bekamen den Stempel. Wollte jemand durch Heirat zuziehen, wurde das entschieden vom Rat der Gemeinde und vom Rat des Kreises, Abteilung Inneres. Die haben entschieden, ob der Bürger tragbar war und nach Böseckendorf einreisen und in Böseckendorf leben konnte. Oder der Antrag wurde abgelehnt. Sonst war es nicht möglich, sonst kam kein Stempel in den Ausweis.

Bei den Fremden, die mit ihrem Fahrzeug einreisen wollten und einen Passierschein hatten, war gekennzeichnet, ob derjenige Besucher mit seinem Fahrzeug das Sperrgebiet befahren kann oder nicht. War dies nicht gekennzeichnet, stand das Fahrzeugkennzeichen nicht auf dem Passierschein, mußte derjenige entweder das Fahrzeug stehenlassen und zu Fuß gehen oder sich abholen lassen. Oder ein Böseckendorfer, der im Ort wohnte, konnte das Fahrzeug nehmen. Bloß der eigentliche Eigentümer konnte das nicht. Es war auch nicht erwünscht, nicht erlaubt, von Bleckenrode nach Böseckendorf zu Fuß zu gehen. Das hat man nicht gerne gesehen, weil die Straße von Böseckendorf nach Bleckenrode unmittelbar an dem Schutzstreifen entlang führte.

Gewisse Vorteile gab es schon. Der erste Vorteil war, man konnte sich den Besuch aussuchen, den man haben wollte. Für den, den ich nicht haben wollte, habe ich keinen Passierschein eingereicht. Dann gab es noch diese Sperrzonenzulage, und der Schutzstreifen wurde auch lebensmittelmäßig besser versorgt mit Südfrüchten, Bananen, Apfelsinen, Nüssen oder was es eben in anderen Orten nicht so gab. Wir wurden schon teilweise bevorzugt beliefert in geringen Mengen. Dann gab es auch noch Vorteile durch regelmäßige Veranstaltungen, die von den Grenztruppen organisiert wurden oder vom Armeeorchester, von der VP (Volkspolizei), die einmal oder zweimal im Jahr Veranstaltungen in Böseckendorf durchgeführt haben. Das war vorteilig gegenüber den anderen Orten, wo das nicht so durchgeführt wurde.

Der Kontakt zu den Soldaten war eigentlich verhältnismäßig gut. Wie es halt eben ist, einige Soldaten haben Mädchen in Böseckendorf kennengelernt, haben geheiratet, sind nach Böseckendorf gezogen und leben teilweise auch heute noch in Böseckendorf. Im großen und ganzen mußten die Einwohner durch den Schutzstreifen mit den Grenzern irgendwie klarkommen, und sie hatten teilweise auch Unterstützung von den Grenztruppen. Wenn die Böseckendorfer nach Neuendorf zu

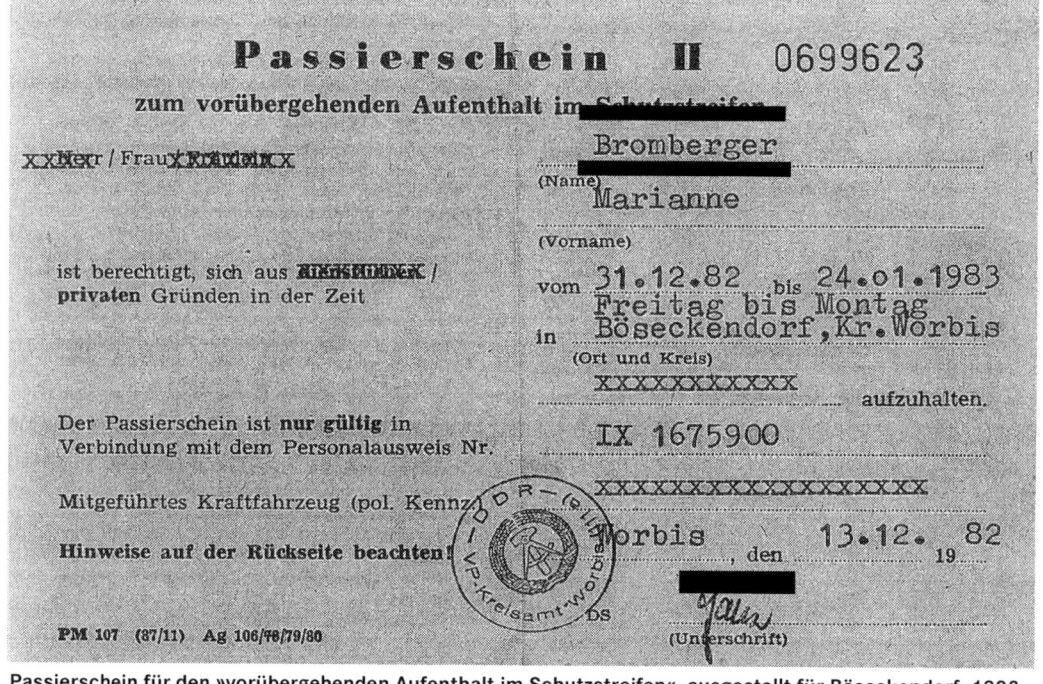

Passierschein für den »vorübergehenden Aufenthalt im Schutzstreifen«, ausgestellt für Böseckendorf, 1982.

Tanzveranstaltungen wollten, war es untersagt, zu Fuß zu gehen. Da haben sich viele Grenzer bereit erklärt, daß sie sich versammelt haben, und wenn 20 Uhr Tanz war, war 19 Uhr Abmarsch mit den Postenpaaren, die uns nach Neuendorf begleitet haben, daß uns nichts passiert. Jedenfalls war der Rückweg genauso nach der Tanzveranstaltung. Es waren wieder Postenpaare da, die uns zurückgeleitet haben. Als es später zu Fuß nicht mehr sein sollte, wurden wir durch guten Kontakt zu den Grenztruppen gefahren, abgeholt und wieder nach Hause gefahren. Die Grenztruppen waren bestrebt, Grenzhelfertruppen aufzustellen. Die, die Wehrdienst abgeleistet hatten, sollten in den Grenzhelferzügen mitarbeiten, was auch viele gemacht haben. Dadurch waren die Grenztruppen ein bißchen großzügiger zu den Böseckendorfern und haben ein Fahrzeug zur Verfügung gestellt.

Laut Gesetz war die Sperrstunde 21 Uhr. Nach 21 Uhr hatte sich niemand auf der Straße aufzuhalten. Wer dabei erwischt wurde, wurde mitgenommen und hat eine Nacht auf der Grenzkompanie verbracht. An Silvester wurden trotzdem, obwohl es nicht erlaubt war, illegal Raketen gekauft, wo es welche gab, in Leinefelde oder Worbis, wo es möglich war durch Dritte. Die wurden einfach losgelassen, obwohl es nicht erlaubt war im Schutzstreifen. Aber die Grenzpolizisten haben eben eingesehen, daß sie das nicht unterbinden konnten. Sie haben die Leute auch nicht erwischt. Bei solchen Veranstaltungen wie Fasching, damals in den sechziger Jahren waren wir sehr aktiv, die Böseckendorfer hatten einen eigenen Karnevalsverein, mußten die Veranstaltungen, sie haben nachmittags

um 15 Uhr angefangen, um 21 Uhr abgebrochen werden aus Gründen der Sperrstunde.

Ich bin regelmäßig von Böseckendorf nach Teistungen 7 Kilometer zur Arbeit gefahren, weil ich bei der Landtechnik gearbeitet habe, habe hauptsächlich die Traktoren und Maschinen der LPG gewartet und repariert. Saisonbedingt gab es keine geregelte Arbeitszeit, daß um 16 Uhr Feierabend war, denn die Mähdrescher mußten ja laufen. Wenn die kaputtgegangen sind, mußten die nachts auch repariert werden. So waren wir an keine geregelte Arbeitszeit gebunden, sondern mußten eben so lange arbeiten, bis die Technik wieder lief. Dann kam das Problem dazu, um 23 Uhr war Polizeistunde, nach 23 Uhr durfte ich nicht mehr nach Hause, auch mit Sondergenehmigung nicht. Ich mußte entweder weiter arbeiten oder in Teistungen übernachten.

Das war eben so, Abstriche gab es nicht. Nachher ja, aber in den sechziger, Anfang siebziger Jahre war es nicht möglich, auch wenn Betriebsfest war oder so was, mußten wir um 21 Uhr nach Hause, oder mußten in Teistungen oder irgendwo übernachten. Da gab es keine Sonderregelungen. Das haben die dann so weit getrieben: Es war Volkskammerwahl, und ich habe mich geweigert, im Wahlvorstand mitzuarbeiten. Da bin ich vorgeladen worden zur Kreisleitung und sollte das überdenken. Ich sage: »Wenn wir nicht gut genug sind, an Brigadefesten nach 21 Uhr noch nach Hause fahren zu können, dann bin ich auch nicht bereit, im Wahlvorstand mitzuarbeiten.« Da haben wir, noch weitere Kollegen und ich, die von Böseckendorf und Bleckenrode waren, in der Gaststätte unser eigenes Privatfest gefeiert bis 21 Uhr.

Anschließend haben wir privat weiter gefeiert. Mit dieser Regelung haben wir uns eben abgefunden, weil wir es von klein auf auch gar nicht anders kannten. Wir haben zwar protestiert, versucht zu protestieren, aber die Angst war immer da, daß wir rausgebracht, evakuiert werden. Man ist vielleicht auch manchmal ein bißchen gleichgültig, aber gut, wenn es halt so ist. Aber in Kauf genommen haben wir es, so akzeptiert ohne großen Protest.
Manfred Konradi,
Böseckendorf, Jahrgang 1944

Dieser Zaun gehörte von da an einfach zu unserem Leben.

Unser Umzug ins Schutzstreifengebiet, also mein Umzug und der meiner Familie, hatte die Ursache, daß mein Mann Lehrer war. Wir waren ursprünglich von meinem Heimatort nach Stöckey im Kreis Worbis gezogen. Stöckey lag im 5-Kilometer-Sperrgebiet, und mein Mann erhielt 1971 die Chance, als stellvertretender Schulleiter versetzt zu werden. Ich hab' damals eine Chance gesehen, wieder näher an meinen Heimatort zu kommen, da mittlerweile unsere Familie aus drei Kindern bestand, meinem Mann und mir. Wir hatten kein Auto, keinen Privat-Pkw, und die Busverbindungen, die waren von Stöckey nach Worbis oder Leinefelde in Richtung meines Heimatortes fast unmöglich. Mein Mann war ab September 1971 an der neuen Schule angestellt, aber unsere Familie wohnte noch in Stöckey. Wir hatten zur Auswahl, in einem Ort im Schutzstreifen eine Wohnung oder in einem anderen ein leerstehendes Haus zu beziehen. Wir sind schließlich und endlich in das Haus in den 500-Meter-Schutzstreifen-Ort gezogen. Ja, was hieß das damals, dorthin zu ziehen? Wir wußten schon, Schutzstreifen ist noch enger, noch geschützter, in Anführungsstrichen, gewesen als Sperrgebiet, aber diese Enge im Nachhinein, das konnte man im Vorhinein nicht so absehen.

Kurz vor unserem Haus war da schon mal der Schlagbaum, 500-Meter-Schutzstreifen. Er war nicht ständig besetzt, aber in den meisten Fällen doch schon. Man hat auch gegenüber dem 5-Kilometer-Sperrgebiet Grenzsoldaten gesehen, die immer an unserem Haus vorbeigingen, wenn die auf Streife gingen, denn unser Haus hat direkt am Schutzstreifen gelegen. Und da war dieser sogenannte Signalzaun, der auch mit dem Spurensicherungsstreifen versehen war. Wir haben unmittelbar mit diesem Zaun gelebt oder am Zaun. Die Kinder sind da groß geworden. Dieser Zaun, wenn man da wohnt, ist so selbstverständlich wie der Apfelbaum vor der Tür. Er gehörte von da an einfach zu unserem Leben. Vielleicht klingt das heute ein bißchen eigenartig, daß wir da einfach so hingezogen sind in dieses abgeriegelte Gebiet. Zu DDR-Zeiten war das Problem Wohnung ganz groß, und es war auch sehr schwierig, wenn man jetzt nicht irgendwo ein eigenes Haus hatte oder vielleicht auch in einem größeren Ort gewohnt hat, wo viele Neubauwohnungen waren. Da war das, eine ordentliche Wohnung auch mit drei Kindern zu bekommen, ganz wichtig. Wir haben hier eine Möglichkeit gesehen, dieses leerstehende Haus und auch mit dem großen Garten drum herum für uns zu bekommen. Wobei ja Garten auch zu sehen war als Möglichkeit, um Selbstversorger zu sein. Bäume waren im Garten, Apfelbäume, all diese Dinge. Das war schon wichtig, denn die Versorgung mit Obst und Gemüse, die war ja zu DDR-Zeiten ziemlich mager. All das haben wir, mein Mann und ich, gesehen, und die Kinder werden auf dem Dorf groß. Diese Wohnung war eigentlich ausschlaggebend. Dann als zweites Argument, diese Stelle für meinen Mann als stellvertretender Direktor, war natürlich nicht unerheblich. Zumal man damals vor hatte, eine neue Schule zu bauen. Es war für uns so gesehen, von Stöckey wegzukommen, eine große Lebensverbesserung, muß ich sagen, auf allen Gebieten.

Die Grenze war sicher selbstverständlicher für uns, die wir da hingezogen sind, als für die, die vielleicht immer schon da gewohnt haben. Heute könnte ich das gar nicht mehr als Vor-

teil sehen, aber damals war es schon für uns auch ein gewisser Vorteil. Der Ort hatte damals auch zur Versorgung so einen kleinen Dorfkonsum. Es kam der Arzt jede Woche und all diese Dinge, die waren nicht so beschwerlich für mich, da ich damals ja auch noch jung war. Die Kinder sind in den Kindergarten gefahren in einen Nachbarort, mit dem Bus morgens, in die Schule sind sie in einen anderen Nachbarort gefahren, mein Mann auch, mit dem Schulbus. Aber dieses Leben am Zaun und die Bedrohung für die Kinder, das hat man ja auch im Vorhinein nicht so einschätzen können, denn im 5-Kilometer-Gebiet wie Stöckey, da hatte ich nie einen Zaun gesehen, daher kannte ich auch gar keinen Schlagbaum. Aber hier war das natürlich doch alles anders. Wenn wir ins Nachbardorf zum Tanzen

Durchlaßtor im Schutzstreifenzaun. Um in das Gebiet zwischen beiden Zäunen zu gelangen, befanden sich im Schutzstreifenzaun Tore, die ebenfalls mit Signaldrähten ausgestattet waren. Hier wurde die Durchfahrt außerdem noch durch Betonblöcke blockiert. Das Foto wurde 1988 von den Grenztruppen aufgenommen.

gingen, mußten wir uns an der Kompanie abmelden oder anmelden oder an der Kompanie Bescheid sagen, daß wir nachts nach Hause gehen, und das war doch eigenartig.

Unser Großer hat mal was drangeschmissen an den Zaun, so einen dicken Grasbatzen, und dann sind auf einmal diese Sirenen losgegangen. Da ging das: Uhhh, uhhh, uhhh. Dann ist der reingelaufen und hat sich versteckt irgendwo, und dann sind die Grenzer gekommen und haben den Spurensicherungsstreifen abgesucht. Aber er hatte ja nicht auf dem Streifen gestanden, er hatte es nur drangeschmissen, da sind die immer auf und ab, haben aber nichts gefunden. Dann haben sie es aufgegeben. Und dann war noch ein Ereignis: Es war dunkel und regnete draußen. Auf einmal war da so ein Auflauf, Grenzer und Autos draußen. Sie haben die Grenze abgeleuchtet, und dann kriegte man schon immer so ein komisches Gefühl, und ich sagte: »Oh, was ist denn da draußen?« Man traute sich aber jetzt auch nicht hinzugehen und zu gucken. Das hätten wir uns nicht getraut. Dann habe ich hinterm Fenster geguckt und habe gesagt: »Was suchen die denn da?« Und dann habe ich die Kinder gefragt: »Habt Ihr irgendwas gemacht?« Da haben sie nichts groß gesagt, aber sie haben verneint. Auf einmal hat es an der Haustür geklingelt, und der Große hat gesagt: »Ja, ich habe meinen Ball vom Streifen geholt.« »Oh Gott, warum hast Du das nicht gesagt? Hätten wir einen Haken oder was genommen, irgendeine Stange oder was.« Jedenfalls hat der Kompaniechef draußen vor der Tür gestanden und gesagt, er wollte mal mit den Kindern sprechen, ob da einer auf dem Streifen war. Da habe ich gesagt: »Ja, der Große

hat es gerade eben bekannt, daß er den Ball vom Streifen geholt hat.« Da hat der gesagt: »Meine Güte, wir suchen schon seit Stunden die Grenze ab.« Ich sage: »Ja, ich kann es doch nicht ändern.« Tagelang war kein Regen und jetzt, wo der Regen kam, sind diese Abdrücke voll Wasser gelaufen, und da haben sie es gesehen. Obwohl der Streifen immer in regelmäßigen Abständen neu geeggt wurde, jedenfalls war dieser Fußabdruck voll Wasser.

Aber es hat auch noch ein anderes Vorkommnis gegeben. Da ist unser Nachbar nach Leinefelde gezogen mit der Familie, das Haus und der Schuppen standen jetzt verwaist. Unser Sohn mit seinem Freund, die haben den Schuppen abgesucht, und dann ist die Streife gekommen. Die beiden Posten haben die Kinder mit auf die Kompanie genommen, an unserem Haus vorbei. Der Junge hat gesagt: »Wir wohnen hier, ich wohne hier.« Und die haben sie aber trotzdem mitgenommen. Es war schon dunkel. Ich sage: »Der Junge kommt ja gar nicht.« Da hat es an der Haustür geklingelt, mein Mann ist rausgegangen und reingekommen, hat aber nichts gesagt. Irgendwann so um 9 Uhr sind sie dann gekommen und haben die Kinder wieder gebracht. Da war der ABV (Abschnittsbevollmächtigter der Deutschen Volkspolizei) draußen, hat ihm gesagt, die sind auf der Kompanie, die beiden. Da haben sie die richtig verhört. Sie haben da mit einem Wachposten in einem Raum gesessen, haben etwas zu essen gekriegt. Ich war so schockiert darüber. Ich habe hinterher gedacht, wenn ich das gewußt hätte, ich wäre da runtergefahren, ich hätte die da unten von einem zum anderen gemacht. So ein paar Kinder, ich weiß gar nicht, die waren vielleicht zehn

Dieses Brautpaar kam 1960 mit seinen Hochzeitsgästen an den Grenzzaun, um den Verwandten in der DDR über den Zaun winken zu können. Teilnehmen durften diese nicht. Seit 1952 mit dem Aufbau der ersten Sperranlagen begonnen und die direkten Verbindungsstraßen im Eichsfeld gesperrt worden waren, waren die Reisemöglichkeiten sehr stark eingeschränkt. Foto: Chevalier Bruno Schmidt.

Jahre oder was, da einfach mitzunehmen. Da konnten sie doch sagen: Also, wenn Du hier wohnst, da klingeln wir mal an der Tür und fragen oder sagen Bescheid, daß wir Dich mitnehmen. Das fand ich damals so unmöglich. Also, da gab es schon so einige Sachen, ja, da hat man sich schon so ein bißchen gefürchtet, denke ich mal.

Dann war nochmal so ein Vorkommnis. Wir waren im Wald, es gehörte auch Wald zu diesem Schutzstreifen. Wir hatten unseren jüngsten Sohn mit, der war vielleicht vier, fünf Jahre, und haben Himbeeren gepflückt. Und auf einmal sagte der Kleine: »Ich gehe jetzt nach Hause, ich will nicht mehr hierbleiben.« Wir konnten ja sehen, wo das Kind hinlief. Er lief den Berg runter, und unser Haus war dann auch nicht weit. Der Kleine ist eine Weile weg gewesen, da habe ich immer Hundebellen oder was gehört. Wir konnten das aber nicht definieren. Wir wußten nicht, was das war. Da höre ich immer, wie jemand ruft: »Bleiben Sie stehen! Bleiben Sie stehen!« Auf einmal steht ein Grenzer vor uns und hat eine ganze Hundemeute Schäferhunde bei sich, fünf Schäferhunde. Wir sind dann stehengeblieben, und da hat der gesagt: »Bleiben Sie jetzt fünf Minuten hier auf der Stelle stehen, dann erkennt der Hund an, daß Sie sich ergeben.« Also,

Schutzstreifenzaun im Jahre 1990. Nach der Grenzöffnung hatten die Bewohner der Grenzregionen in Ost und West erstmals Gelegenheit, sich ein Bild von den Sperranlagen an der Grenze zu machen.

das kann man sich gar nicht vorstellen, mir sind die Nackenhaare hochgegangen. Das Kind, das war ja auch erst eine Weile weg. Da haben wir uns beschwert und haben gesagt, wenn die Leute nicht in den Wald dürfen, dann muß das öffentlich gesagt werden. Dann muß gesagt werden: Es darf niemand in den Wald, da gehen wir mit den Hunden Streife. Und der Postenführer oder der Hundeführer, der hatte auch gesagt, der Hund kann ja nicht Freund und Feind unterscheiden. Also jeder, der wegläuft, ist ein potentieller Feind für den Hund. Und der nimmt uns glatt auseinander. Das war ein Ereignis, das hat lange nachgewirkt. Aber wir haben dann auch nie wieder gehört, daß die Hunde da frei rumgelaufen sind. Wir hatten vorher öfter

Hundebellen gehört, aber das konnte man sich nicht erklären. Man wußte jetzt nicht, was das bedeutet, wenn die Hunde da im Wald bellen.
Marianne Fiedler,
Heiligenstadt, Jahrgang 1945

Es war eigentlich Mangel auf der ganzen Linie.

Die begrenzten Arbeitsmöglichkeiten gab es auf diesen kleinen Dörfern sicher überall, aber hier im Schutzstreifen war es noch viel schwieriger. Arbeit gab es überhaupt keine auf den Dörfern. Die Kinder waren ja auch zu versorgen. Und Kindergarten, Kinderkrippe gab es im Ort auch nicht, das war alles in dem Nachbarort. Man mußte schon sehen, daß man die Kinder erst in die Krippe, Kindergarten oder Schule kriegte, dann konnte man erst nach außerhalb fahren, wenn man keine Großeltern im Haus hatte. Und das hatten wir ja nicht. Erst habe ich als Heimnäherin gearbeitet, und dann habe ich den kleinen Dorfkonsum übernommen. Das war deshalb einfach, weil ich nur von morgens 9 Uhr bis um 2 Uhr auf hatte. Der war nicht ganztägig geöffnet für diese paar Leute. Zwischen 110 und 115 Einwohner hatte dieser Ortsteil ja nur, und das reichte. Wenn jetzt angenommen Frau Lehmann da war und hatte eingekauft, wußte ich, die kommt garantiert nicht noch ein- oder zweimal. Diese Frauen, die im Dorf waren, waren eben dagewesen, dann hätte ich eigentlich schon zumachen können. Dieses Einkaufsverhalten war eigentlich eigenartig, wenn man das so im Nachhinein bedenkt. Es gab einmal in der Woche eine Wurstlieferung. Fleisch gab es ja nicht, dafür waren die Kapazitäten nicht da. Aber es gab Brot, von fünf Tagen in der Woche gab es wohl drei-, viermal Brot. Da kam das Brotauto von der Konsumbäckerei Heiligenstadt, die die Dörfer versorgte. Wo kein Bäcker ansässig war, konnte man Brot, Kuchen, Brötchen bestellen. Das Wurstauto kam einmal, dienstags, meistens nach 2 Uhr. Die wußten, ich wohne da und da, fuhren an meinem Haus vorbei, hupten, da bin ich runtergegangen mit dem Schlüssel, hab' die Ware angenommen, hab' sie verglichen und in den Kühlschrank gelegt. Den anderen Morgen um 9 Uhr wußten alle Leute, die Frauen im Dorf: Gestern mittag ist frische Wurst gekommen. Sie standen dann schon vor der Ladentür und warteten auf die

frische Ware: »Oh, was gibt es denn diesmal?« Man konnte auch immer nicht voraussehen, was so kommt. Leberwurst und Jagdwurst, die konnte man en gros bestellen. Aber da wußte man: Ich brauche nur eine gewisse Menge, und die nimmt dann nächste Woche niemand mehr. Oder Teewurst ging auch recht gut. Der große Renner war Schinkenspeck, wobei ich sagen muß, Kochschinken gab es nie. Das waren Raritäten, die hat es selbst in Fleischereien vielleicht nur mal eine halbe Stunde gegeben. Ich erinnere mich, daß ich entweder zwei oder drei Stück Schinkenspeck kriegte, und da hatte ich schon immer so meine Bedenken. Es gab eine Kundin, wenn die als erste drankam, kaufte die schon das eine ganze Stück und möglichst das größte. Dann hatte ich schon im Hinterkopf: Mensch, wenn die und die jetzt kommen, kriegen die ja nicht mal mehr ein Stückchen ab. Aber ich konnte natürlich nicht sagen: Also, Frau Meyer, nehmen Sie nicht das große Stück. Die Frau Müller will auch noch ein Stückchen. Ich durfte diese Ware nicht zuteilen. Ich konnte sie für mich zwar ein bißchen einteilen, wenn es nicht sichtbar war, aber ich konnte sie nicht zuteilen. Ich mußte jetzt schon mal so ein Stück ganz hinlegen, und dann war schon abzuwägen, wer alles nichts kriegte.

Es sollte nicht so vordergründig werden, daß nicht genug da war von allem. Es gab Schulungen, jeden Mittwoch gab es diese Politschulungen, so wurde das genannt, und da wurden wir eben auch auf diese begrenzten Möglichkeiten oder auf diesen oder jenen Sektor hingewiesen. Es wurde uns auch nahegelegt, daß eben alle zufriedengestellt werden sollten. Es wurde nicht gesagt, man soll es nicht zuteilen oder einteilen. Aber im Hintergrund war das immer schon, und das wußte man ja schon selber. Wenn es nicht für alle reicht, dann mußt du immer sehen, daß doch möglichst viele damit beliefert werden konnten. Bei Fisch, Hering, Salzhering war ein ganz großes Manko, den gab es vielleicht kurz vor Silvester.

Es war eigentlich Mangel auf der ganzen Linie, wenn man das so zurückverfolgt. Es gab Bestellkataloge, da wurde wöchentlich bestellt, was man für die nächste Woche haben wollte. Und das wurde irgendwann auch ausgeliefert. Es gab verschiedene Auslieferungstage für Bohnenkaffee, es gab Kosta, und es gab Rondo normal. Diesen Mona-Kaffee für 10 Mark pro 125 Gramm hat man auf dem Dorf nicht getrunken, der war ja teurer. Es gab den für 7,50 Mark und 8,75 Mark das Viertelpfund. Der eine war blau verpackt, der andere orangefarben. Jetzt war dieses Spiel so: In unserem Ort haben die Leute alle diesen in der blauen Packung getrunken für 8,75 Mark ein Viertelpfund. Im Nachbardorf, die haben lieber den anderen getrunken. Ich kriegte, das war so ein kleiner Karton, ein bestimmtes Kontingent. Ich konnte jetzt nicht einen halben Zentner bestellen auf diese paar Leute zugeschnitten. Ich hab' dann schon gleich getauscht mit der Kollegin. Ich hatte den Karton ja zuerst, dann habe ich meine blauen rausgenommen aus dem anderen Karton und meine gelben dazugelegt. Dann haben wir das so getauscht, daß das auch mit der Geldsumme aufgegangen ist, nicht, damit wir nicht erst noch ein Protokoll schreiben mußten. Eigentlich hätte dieses Protokoll ja über den

Ladentisch gehen müssen, daß sie mir diese Ware gibt und ich ihr diese Ware gebe. Da war ein Stempel auf diesem Katalog: Grenzgebiet oder auch Schutzstreifen. Das hieß aber nicht, daß wir unbegrenzt Ware bestellen konnten. Es kann sein, daß wir vielleicht beim Kaffee ein bißchen bevorzugt wurden, aber es war nicht so, daß jeder Haushalt da fünfmal hätte kommen können und Kaffee kaufen. Das hätte nicht gereicht. Es ging gerade so auf, daß ich immer ein Viertelpfund für jeden für die Woche hatte. Und das wußten die ja oben auch, wieviel Haushalte da waren. Das ist ja kein Geheimnis gewesen. Mit Zigaretten war es ähnlich, »Neue Juwel«, »Alte Juwel«. Oder angenommen, es war jetzt Kommunion oder auch Jugendweihe im Dorf, da konnte man auch mal in dieses Protokoll schreiben, also ein Blatt beilegen: Wir haben Kommunion, oder wir haben Jugendweihe im Dorf. Und wir möchten mal vielleicht ein paar Büchsen Pfirsiche oder mal ein paar Büchsen Pilze. Das hatte ich eines Tages, da war auch eine Kommunion. Das waren nur so ganz kleine Dosen Champignons, das vergesse ich gar nicht wieder. Das war so ein angebrochener Karton, also nicht so ein großer, voller Karton. Da kriegte man einen Karton, da bollerten dann so ein paar Büchsen drin rum. Aber ich habe eben wirklich nur die Leute, die eine Feier hatten, damit beliefert, damit sie auch etwas davon hatten. Das wäre mir dann auch ein bißchen gegen den Strich gegangen, wenn ich das jetzt unterm Ladentisch verscherbelt hätte. Das habe ich auch nicht an gute Freunde, also ich hab' das wirklich dann auch dahin gegeben. Was waren noch Mangelwaren? Kokosraspeln vor

Grenzzaun mit Selbstschußanlagen (Splittermine SM 70). Zu sehen ist ebenfalls der Sperrgraben für Kraftfahrzeuge und der 6 Meter breite Spurensicherungsstreifen im Mai 1984.

Weihnachten oder Rosinen, Kokosraspeln aber noch mehr, da hatte man wirklich auch nur ein halbes Pfund pro Familie. Rosinen, kann ich mich erinnern, hatte ich irgendwann eine ganze Kiste. Das war dann aber wahnsinnig viel, das habe ich nicht verkauft. Das hat man wieder an eine andere Verkaufsstelle gegeben, die gesagt haben: »Oh, ich könnte noch welche brauchen.« Darüber hat man sich auch so unter den Kollegen an diesen Mittwochen abgesprochen, wo diese Schulungen waren. Da hat man sich auch untereinander mal ausgetauscht oder abgestimmte Sachen ausgewechselt, wo wir gesagt haben: »Mensch, ich brauch' das nicht. Kannst Du das noch brauchen?« »Ja, ich nehm' dafür was anderes.« Also, Grundnahrungsmittel waren ja immer ausreichend da,

Mehl, Zucker, solche Sachen, Butter, da gab's keinen Mangel. Aber diese Besonderheiten, mal so eine Büchse Pfirsiche oder was, da war man schon ganz knapp.
Marianne Fiedler,
Heiligenstadt, Jahrgang 1945

Man hatte sich darauf eingerichtet, daß es bis auf absehbare Zeit so bleibt.

Ich bin gebürtiger Weimarer und wußte von den Verhältnissen eines Grenzgebietes herzlich wenig. Ich bin damit eigentlich erst in Berührung gekommen durch meine Eltern, die damals, als sie noch durften, noch regelmäßig nach dem Westen gefahren sind, was ich nicht durfte, und dann erzählten,

Blick über die Sperranlagen nach Besenhausen, aufgenommen nach der Grenzöffnung.

was sich an der Grenzübergangsstelle in Gerstungen so abspielte. Dann bin ich 1972 zum Priester geweiht worden in Erfurt, und meine erste Kaplanstelle führte mich schon ins Eichsfeld, nach Worbis.

Das erste Mal in meinem Leben ins Sperrgebiet bin ich 1974 gekommen. Damals sollte mein Vorgänger hier in Teistungen Festprediger auf der Hardt in Worbis sein. Er hatte hier die Gemeinde zu betreuen und auch den Gottesdienst zu predigen. Da sagte mein früherer Dechant: »Wir stellen einfach mal einen Antrag, mal sehen, ob die Behörden Dich überhaupt dort reinlassen.« Das mußte rechtzeitig vorher eingereicht werden. Und siehe da, er bekam für mich den Passierschein für diesen Sonntag, und so konnte ich das erste Mal ins Sperrgebiet fahren. Man hat mir natürlich erstmal einen richtigen Beschreibungspaß ausgestellt,

wie ich mich zu verhalten habe. Also, bis Wintzingerode war eine gewohnte Fahrt, denn das gehörte zum Seelsorgebereich Worbis. Er sagte: »Wenn Du nach Ferna kommst, werde ein bißchen vorsichtiger, denn gleich hinter Ferna kommst Du dann in diesen Kontrollbereich. Und dort mußt Du Dich ganz genau nach dem richten, was da angeschrieben ist: also Tempominderung, 60, 30, dann unbedingt stoppen, dort, wo es vorgeschrieben ist, in die richtige Spur einreihen, also nicht grenzüberschreitender Verkehr, sondern die andere für Sondergenehmigung.« Da kam ich dann an, wurde kontrolliert, das ging ganz normal und schmerzlos, aber für mich sehr aufregend.

Hier in Teistungen wurde dann die Pfarrei St. Andreas frei. Mein Vorgänger kam nach Erfurt, und dann ging ein gewisses Verwirrspiel los, das man heute eigentlich gar nicht mehr begreifen kann. Mein Vorgänger hat mir irgendwann mal bei einer Zusammenkunft gesagt: »Du, ich werde demnächst woanders hinkommen. Du kannst Dich schon warm anziehen, Du wirst nach Teistungen kommen.« Da habe ich gesagt: »Ins Sperrgebiet, was hab' ich denn ausgefressen?« 1982 hatte ich mich für eine neue Pfarrstelle ins Inland beworben, das heißt außerhalb des Sperrgebietes für zwei Gemeinden. Ich kriegte einen Anruf von unserem Personalreferenten, der sagte: »Es geht um Deine Versetzung. Dort, wo Du Dich hinbeworben hast, kommst Du nicht hin. Der Bischof möchte Dich woanders hinschicken. Das kann ich Dir und darf ich Dir am Telefon aber nicht sagen. Können wir uns zur nächsten Konferenz dort und dort mal sprechen?« Da habe ich gesagt: »Ja, selbstverständlich«, und bin zur Konferenz nach Heiligenstadt gefahren. Da traf ich den damaligen Personalreferenten, und der sagte mir: »Ja, der Bischof wünscht, daß Du nach Teistungen gehst.« Da war natürlich meine erste Frage: »Gehen?« Ich war wirklich irritiert. »Was habe ich denn ausgefressen, daß ich ins Gefängnis muß?« Der lachte darauf und sagte: »Ja, was heißt Gefängnis? Wir haben so viele Gemeinden, die im Sperrgebiet oder auch im Schutzstreifen liegen, und der Bischof hätte gerne, daß Du diese Pfarrei übernimmst. Überlege Dir nur, sprich auch mit Deiner Haushälterin, die wird ja sicherlich auch mitgehen wollen, und gib mir dann Bescheid, aber nicht am Telefon.« Es schien damals, daß alles, was kirchlicherseits am Telefon abgewickelt wurde, damit rechnen mußtest, abgehört zu werden vom Staatssicherheitsdienst. Das Anrufen sollte nicht geschehen, weil der Staat und die

Behörden sich vorbehielten, daß sie die Genehmigungen geben. Nicht weil der Bischof wünscht, daß Kowallik Pfarrer in Teistungen wird, sondern nur, weil wir (Partei und Staat) es genehmigen. Hier wollte man Macht und Stärke und Kompetenz beweisen. Deswegen wurden diese Dinge unter der Hand geregelt. Genau so, wie auch mancherlei Post, die dann immer auf v.c. stand. »Via certa«, sicherer Weg, nannte sich das. Das ging von Hand zu Hand oder Mund zu Mund, aber nicht über den Postweg aus besagten Gründen der Kontrolle. Ich habe mir dann die Sache überlegt. Meine Eltern waren natürlich entsetzt. Die wohnten in Weimar, und für die war der Gedanke grauenvoll: Alleine die Besuche, die Beantragung und die Behördengänge, die damit verbunden waren! Von der Antragstellung auf Zuzug ins Sperrgebiet bis zur Genehmigung vergingen etliche Wochen. Meine Stelle angetreten habe ich dann am 31. Oktober 1982.

Es gab diesen Sperrzonenzuschlag, den ich als Pfarrer zwar nicht kriegte, aber den sonst die normalen Einwohner hier kriegten. Es war ja nun eine nicht ganz unerhebliche Summe als Erpressungsgeld, um sich lauter zu verhalten, sagen wir es doch mal deutlich, um sich einfach hier so zu verhalten, wie es gefordert wird. Manchmal habe ich sogar erlebt, wenn ich nach Böseckendorf gefahren bin, um mal besondere Waren zu kaufen, daß es Heringe, Salzheringe gab, die es in Teistungen nicht gab. Aber dort in Böseckendorf im örtlichen Konsum hat es die manchmal gegeben. Honig zum Beispiel, solche Kleinigkeiten, um die Leute dort im Schutzstreifen bei besonders guter Laune zu halten. Aber wir haben uns über Kleinigkeiten manchmal auch

Pfarrer Heinz Kowallik während eines Besuches im Grenzmuseum Schifflersgrund im Süden des Eichsfeldes, 1995.

schon riesig gefreut. Man hat sich einfach an diese Situation gewöhnt und hatte sich, ich gebe es ganz ehrlich zu, darauf eingerichtet, daß das bis auf unabsehbare Zeit so bleibt.

Eine Situation, die ich nicht vergessen werde: Es war Mai oder Juni 1989. Ich mußte auf die Behörde nach Worbis, um dort Erledigungen zu machen. Und es regnete an diesem Tag. Da ich mein Auto am Vortag gewaschen hatte, dachte ich: Fährst du halt mit dem Bus. Ich nehme meinen Schirm und gehe zum Bus, fahre nach Worbis und erledige meine Dinge, steige in den Bus und will nach Teistungen zurück. Und kurz vor Ferna auf einmal: Wo hast du deinen Ausweis? Ich hatte mir zur Gewohnheit gemacht, um den Ausweis nicht zu vergessen, ihn immer auf das Armaturenbrett im Auto zu legen, um mich ausweisen zu können. Da lag er natürlich auch, und das Auto stand in der Garage. Der Bus hielt am Kontrollpunkt, der Polizist stieg ein, machte Kontrolle, und Pfarrer Kowallik ohne Ausweis. Da saßen so etwa 20 Leute, die mich eigentlich alle, wohlgemerkt, gut kannten, und die nun warteten, was sich da abspielt. Ich wurde aus dem Bus herausgeführt, ich will es nicht gleich abgeführt nennen, mußte in die Kontrollstelle. Dort wurde ein anderer Polizist vor mir postiert, damit ich nicht etwa noch flüchte. Der Polizist ging zurück in den Bus, kontrollierte zu Ende, der Bus fuhr ohne mich weg. Dann kam es zum Verhör, mit Personalien und anderem, die wurden nebenan abgefragt. Anschließend wurde mir gesagt, die Angaben haben sich bestätigt, so richtig schön, dienstlich, offiziell, und dann kam die Belehrung: Ich wüßte doch, was auf meinem Passierschein steht und die Bedingungen über das Leben im Sperrgebiet. Im Wiederholungsfalle hätte das Konsequenzen. Dann hat er mich vor die Tür gesetzt, und ich stand im Regen. Da hat mich einer aus Teistungen mitgenommen mit seinem Auto und zwar noch ein bekanntes Parteimitglied der SED. Selbst der war entsetzt, wie man nach sieben Jahren Aufenthalt in Teistungen mit ständigem Hin und Her am Grenzkontrollpunkt behandelt wird von den Grenzern. Als ob man ein potentieller Flüchtling wäre!

Pfarrer Heinz Kowallik,
Teistungen, Jahrgang 1945

Ich habe keine Vorstellung vom eigentlichen Grenzdienst gehabt.

Ich bin 1957 im ehemaligen Grenzgebiet, in der Sperrzone geboren und wohne auch heute noch im Eichsfeld. Ich habe eine Lehre gemacht als Forstfacharbeiter, danach wollte ich unbedingt studieren.

Ich habe damals immer noch gehofft, daß ich mit dem Grundwehrdienst, also eineinhalb Jahren, auch zum Studium kommen würde, da es dafür auch Beispiele gab. Ich war zur Musterung auf dem Wehrkreiskommando und habe mich dort für Motorisierte Schützen melden lassen, weil ich nicht so ganz genau wußte, was damit eigentlich zusammenhängt. Ich habe es erst in den kommenden Wochen und Monaten erfahren. Ein Schulfreund von mir war bei den Motorisierten Schützen, der hat die schlimmsten Sachen erzählt, die

man sich denken kann. Von Manövern, wo man tagelang, wochenlang draußen lag im Felde, wo man härteste Bedingungen hatte. Durch verschiedene Gespräche, auch im Wald oder mit anderen Jugendlichen, verstärkte sich meine Meinung, daß ich wahrscheinlich nicht mit den eineinhalb Jahren durchkomme, als bereits die Lehrzeit bei mir durch war und ich schon im Wald angefangen hatte zu arbeiten. Üblich war, daß man gleich nach der Lehrzeit zur Armee kam. Da habe ich schon gemerkt, daß ich nicht eingezogen wurde. Auf dem Wehrkreiskommando wurde mir sogar noch gesagt, daß ich nicht damit rechnen kann, daß ich eingezogen werde mit eineinhalb Jahren. Ich glaube, bis 28 Jahre konnte man damals noch eingezogen werden. Dann hätte sich für mich ein Studium nicht mehr gelohnt. Der ausschlaggebende Faktor war, daß vom Betrieb selber der Parteisekretär in den Wald zu unserer Brigade hinaus kam und sagte, er hätte gehört, daß ich ein Studium machen wollte. Der Betrieb würde deswegen von mir erwarten, daß ich mich verpflichte, für drei Jahre zur Armee zu gehen, denn ich möchte ja auch etwas vom Staat, wenn ich studiere. Und deswegen erwartet der Staat von mir, so wurde das damals gesagt, daß ich mich für drei Jahre verpflichte. Spätestens da habe ich gemerkt, daß ich nicht mit eineinhalb Jahren durchkam. Ich bin dann sehr schnell zum Wehrkreiskommando gegangen und habe mich verpflichtet für drei Jahre. Allerdings habe ich versucht, wenigstens das Beste rauszuholen, wie ich zumindest damals dachte, und habe darum gebeten, an die Grenze zu kommen. Ich wollte zumindest möglichst in die Nähe meines Wohnortes kommen, und das war eben an der Grenze. Ich habe damals natürlich als Jugendlicher nicht so überschauen können, auf was ich mich da einlasse. Sonst hätte ich das vielleicht nicht gemacht. Für mich war einfach ausschlaggebend, daß ich in die Nähe kam. Zumal in der Zeit damals mein Vater gestorben war, meine Mutter war allein mit Haus und Garten usw. Was noch dazukam, durch unsere Schule hatten wir Kontakt zur Grenzkompanie. Das heißt, es gab immer mal Treffen, auf denen verschiedene Übungen gemacht worden sind. Das nannte sich »Manöver Schneeflocke« oder einfach Patenschaften. Weil ich auch viel draußen im Wald umhergelaufen bin, habe ich Grenzer gesehen, wie die ihren Dienst machten, und habe das als locker für mich angesehen, wenn man als Grenzposten durch den Wald streifte. Das war für mich der Grund, daß ich mich für die Armeezeit bei den Grenztruppen entschieden habe. Ich habe keine Vorstellung von dem eigentlichen Grenzdienst gehabt. Wir hatten selbst im Grenzgebiet von Grenzverletzungen, von Grenzdurchbrüchen in dem Sinne, kaum etwas gehört. Das stand ja nicht in der Zeitung. Das erfuhr man höchstens durch Gerüchte. Ich habe also nur den Grenzdienst der Streifenposten gesehen, den ich nicht als problematisch ansah oder, wenn ich im Wald gearbeitet habe, die Bewachung von Arbeiten im Grenzgebiet zum Beispiel. Das habe ich alles als nicht so problematisch angesehen. Deswegen habe ich mich für die Grenztruppen verpflichtet.

Ich bin erst 1977 eingezogen worden zur Grenze, das heißt nicht gleich zur Grenze. Ich hatte erst ein halbes Jahr Ausbildung als Unteroffiziersschüler. In dieser Zeit war noch nicht klar, wo ich mal hinkommen werde. Wir sind dann, als die Ausbildung fertig war, den Tag weiß ich noch, auf einen Lkw aufgestiegen mit unserem Gepäck und wußten bis dahin immer noch nicht, wo wir eigentlich hinkommen. Da fuhren wir hier entlang der Grenze die einzelnen Kompanien ab, und überall wurden jeweils Namen aufgerufen, die abstiegen und dort ihren Dienst machten. Ich war richtig froh, als der Lkw in der Grenzkompanie in der Nähe meines Heimatortes anhielt und ich aufgerufen wurde, dort meinen Dienst zu machen. Das war für mich, dachte ich jedenfalls, ein Heimspiel. Ich kannte eben alles dort in der Gegend. Im nachhinein habe ich gemerkt, daß es auch eine ganze Reihe von Nachteilen hatte, wenn man so nah am Heimatort seinen Dienst machen mußte. Daß man in der Nähe eingesetzt wurde, gab es ganz selten. Von meinen sämtlichen Bekannten war kaum mal ein Fall vorgekommen, daß jemand direkt vor Ort in der Kompanie eingesetzt war. Meistens war es eigentlich genau anders: Man war sehr weit von zu Hause weg, meistens am anderen Ende der Republik. Wehrpflichtige aus dem Eichsfeld haben ihren Dienst meistens irgendwo an der Ostsee, in Sachsen oder in Berlin machen müssen. Und ich konnte es gar nicht fassen, daß ich plötzlich hierher kommen sollte, zumal ich schon in der Schulzeit negativ aufgefallen war im Grenzgebiet. Wir wurden ja in der Schulzeit von den Lehrern über das Verhalten im Grenzgebiet belehrt. Und da ich schon als Schüler viel in der Natur war, im Wald rumgelaufen bin, war ich des öfteren schon in Richtung Grenzgebiet gelaufen. Gerade in Richtung Grenzgebiet hat es mich am meisten gereizt, weil dort kaum andere Leute umherliefen. Da war ich auch schon mehrere Male von Grenzposten aufgegriffen worden. Einmal, ich war 14 Jahre alt, war Grenzalarm wegen mir ausgelöst worden. Mich hatten Waldarbeiter gemeldet, die mich im Grenzgebiet gesehen hatten, und dann war Alarm ausgelöst worden. Mehrere Kompanien fuhren raus wegen mir. Ich habe das alles erst danach mitgekriegt, weil die Grenzposten sehr ärgerlich waren, daß sie wegen mir rausgefahren waren. Ich war aufgegriffen worden und mußte erst in die Grenzkompanie und danach nochmal nach Worbis zur Polizei. Dort waren stundenlange Verhöre, die schon ziemlich belastend waren. Es wurde ein sehr starker Druck auf mich ausgeübt. Aber als Jugendlicher hat man das immer noch relativ locker gesehen. Und als ich nach Hause kam, oder am nächsten Tag in die Schule, war ich allgemeiner Gesprächsmittelpunkt. Auch die Lehrer haben immer wieder in den Belehrungen zum Verhalten im Grenzgebiet darauf verwiesen, daß ich als Negativbeispiel gelte. Ich wurde in Worbis immer wieder in die Richtung befragt: Ich sollte endlich zugeben, daß ich über die Grenze und abhauen wollte. Da war mir schon ganz klar, daß ich das auf keinen Fall in irgendeiner Weise sagen durfte. Ich habe also immer wieder gesagt, daß ich nur Himbeeren pflücken wollte. Ich war bei diesen Befragungen total geschockt, weil plötzlich Namen auftauchten von meiner Tante, von meinem Onkel, die in Duderstadt oder in Dortmund lebten. Man wußte anscheinend alles über mich. Und die Fragen gingen dann schon so weit, daß man mir sagte, ich könnte doch ruhig sagen, daß ich meine Tante besuchen wollte in Duderstadt. Da habe ich natürlich gemerkt,

Mit diesem Faltblatt anläßlich des 40jährigen Bestehens 1986 wurde für den Dienst bei den Grenztruppen geworben.

wohin die Diskussion gehen sollte, und habe das natürlich ganz klar abgestritten. War ja auch absolut nicht an dem gewesen, aber der Druck war schon ganz schön stark im Verhör.

Man hatte sich ja doch schon ein bißchen vorinformiert, zum einen bei Leuten, die bei der Grenze waren. Besonders durch die Ausbildung in Nordhausen wußten wir schon etwas über den Ablauf in einer Grenzkompanie. Wir hatten auch schon vorher ein dreiwöchiges Praktikum in der Grenzkompanie in Ellrich gemacht. Man kannte sich aus, wie der Grenzdienst abläuft in der Kompanie, das war Schichtdienst. Die Grenze mußte ja rund um die Uhr bewacht werden. Das ging also alles nur in Schichten, dort in der Grenzkompanie, ob es nun das Essen war, die einzelnen Dienste, die verrichtet wurden, die ganze Ausbildung. Der Dienst selber war manchmal schon sehr hart. Zum einen war er physisch sehr hart wegen der Schichten und dann natürlich auch bei jedem Wetter. Auch im Winter bei Eis und Schnee mußten wir unseren Dienst draußen machen. Für mich als Unteroffizier war es noch nicht einmal psychisch und physisch so schlimm. Die Grenzposten selber, die Soldaten, die hatten da mehr auszuhalten. Die mußten acht Stunden lang an einem Postenpunkt bleiben und hatten einen relativ kleinen Bereich, den sie ablaufen durften. Als Unteroffizier hatte man eben Streifendienst zu machen, Postenkontrolle zu machen, da konnte man in den acht Stunden einen Abschnitt von vielleicht 8 bis 10 Kilometern ablaufen und sich dabei ein bißchen bewegen. Natürlich war es auch manchmal psychisch sehr angespannt. Das habe ich vorher absolut nicht gewußt, was auf mich zukommt. Die psychische Beanspruchung war in der Weise, daß man oft an Zaunabschnitten eingesetzt wurde, wo man wußte, daß da eventuell Grenzdurchbrüche sind, oder wo Arbeiten gewesen sind an der Grenze, wo die Sicherung nicht so dicht war wie sonst. Wobei es gerade in solchen Gebieten, wo Bauarbeiten waren, vorkam, daß Bauarbeiter durchbrachen, oder in kleineren Abschnitten, beispielsweise in Teistungen, wo es immer wieder mal Grenzdurchbrüche gab. Das war das Ziel des ganzen Grenzsystems, daß die Soldaten auch psychisch unter Druck standen. Die mußten immer mit der Postenkontrolle rechnen. War ja auch irgendwie logisch die ganze Sache, denn ein Grenzposten konnte ja nicht schlafen.

Wir hatten natürlich auch unsere Schulungen, wo wir auf diese Situationen (Grenzdurchbruch) geschult wurden. Wenn wir vor dem Grenzdienst zum Beispiel erfahren hatten, daß ein Soldat mit Waffen unterwegs war und wahrscheinlich einen Grenzdurchbruch plante, war natürlich der Druck auf die Grenzposten sehr stark. Besonders wenn wir wußten, daß ein russischer Soldat unterwegs war, weil wir in diesem Falle genau wußten, daß der sofort schießen und mit aller Gewalt den Grenzdurchbruch versuchen würde. Dann war der Druck sehr stark, besonders in den Nachtschichten, weil man gewußt hat, daß es auch lebensgefährlich im Dienst sein konnte. Gerade die, die Familie, Frau und Kinder hatten, waren nervlich sehr angespannt, wenn solche »Lagen«, wie wir damals sagten, über mehrere Tage und Wochen liefen. Ansonsten hatten wir genaue Vorschriften. Wenn ein Grenzverletzer auftauchte, war vorgeschrieben, daß man ihn anrufen mußte: »Halt, stehenbleiben!« Wenn der Grenzverletzer nicht stehenbleiben, sondern weiterlaufen sollte, war ein Warnschuß abzugeben. Wenn er trotzdem weiterlaufen sollte, sollten gezielte Schüsse in die unteren Gliedmaßen abgegeben werden, um den Grenzverletzer an der Fortführung der Flucht zu hindern. Natürlich war dieser Befehl, den wir vor Antritt des Grenzdienstes durch den Kompaniechef erhielten, schon etwas zweideutig. Das ist mir jetzt natürlich erst im nachhinein bewußt. Damals, in meiner Zeit an der Grenze, war mir das eigentlich nicht so bewußt. Bei der »Vergatterung«, wie dieser Begriff hieß, wurde ja gesagt: »Grenzverletzer sind aufzuspüren und festzunehmen oder zu vernichten.« »Vernichten« heißt eigentlich, daß man auch die Tötung eines Grenzverletzers dabei einplant. Das wurde uns aber nie so bewußt, weil für uns eigentlich nur klar war, daß wir die Flucht verhindern sollten, indem wir auf die unteren Gliedmaßen schossen. Ich habe bei meinen Postenkontrollen auch mal die Frage angesprochen bei einfachen Soldaten. Manchmal war ich selbst geschockt, wenn mir Soldaten sagten, ihnen ist jetzt sowieso alles egal, wenn irgendwas raschelt, dann halten sie sofort drauf und geben Dauerfeuer. Da war mir schon klar, daß diese Posten auch direkt schießen würden. Die Grenzposten wollten nur ihre Armeezeit rumkriegen, möglichst unbeschadet. Viele wußten wahrscheinlich vorher auch gar nicht, auf was sie sich dort eingelassen haben. Das heißt, die Soldaten selber, die mußten ihren Armeedienst ableisten, die Grundwehrdienstzeit. Den Druck, der dort entstand, konnten sich viele vorher nicht ausmalen. Viele kamen gut damit klar, waren auch sachlich dabei, aber manche haben eben auch überreagiert. Es ist pauschal nicht zu beantworten, was jeder gemacht hätte beim Auftauchen von Grenzverletzern. Das ist eine sehr schwierige Frage.

Einige Grenzsoldaten waren verheiratet, und manche jungen Soldaten hatten auch eine Freundin zu Hause. Da war natürlich immer wichtig, daß die Post in die Kompanie kam, daß man in Briefkontakt stand mit Frau oder Freundin. Wenn dann plötzlich Briefe auftauchten, wo die Freundin oder die Frau Schluß gemacht hatte oder Scheidungen anstanden, war ein weiterer psychischer Druck für diese Grenzsoldaten da. Deswegen war es unsere Aufgabe als Unteroffizier auch, möglichst ein persönliches Verhältnis zu

unseren Soldaten zu haben. Im Grenzdienst oder auch in dem Unterkunftszimmer uns zu unterhalten mit den Grenzposten, damit wir auch von solchen Situationen wußten, denn, wenn solche Probleme auftraten, wurden solche Grenzposten, solche Soldaten nicht mehr draußen im Dienst an der Grenze eingesetzt. Sie wurden erstmal im Innendienst eingesetzt oder auch gleich in andere Truppeneinheiten versetzt. Diese Informationen mußten wir als Gruppenführer natürlich weitergeben an den Zugführer. Das ging, das kann ich heute auch mal so sagen, bis dahin, daß mein Zugführer mir sogar mal gesagt hat, ich sollte die Post kontrollieren von den Soldaten der Gruppe. Ich mußte also Rechenschaft abgeben über den Briefwechsel meiner Soldaten. Ich weiß nicht, ob weitere Kontrollen noch davor waren, aber das war im persönlichen Bereich. Ich habe mich sehr schlecht dabei gefühlt, weil ich einfach wußte, daß ich in den persönlichen Bereich reingehe. Andererseits habe ich das schon ein bißchen eingesehen, daß die Psyche des Grenzpostens eben eine große Rolle spielt. Das haben wir in unseren Schulungen auch immer wieder gesagt bekommen. Ein Grenzposten, der plötzlich einen Brief erhält, daß seine Freundin einen anderen hat oder seine Frau sich scheiden lassen will, kann plötzlich natürlich vollkommen anders reagieren auch im Grenzdienst, kann plötzlich durchdrehen und hält die Waffe auf einen anderen Posten und versucht, mit Gewalt durchzubrechen. Er sagt sich vielleicht: Es ist alles sinnlos, und er fängt nochmal neu an im Westen. Die Gelegenheit habe ich nie wieder. So gesehen habe ich schon eingesehen, daß die persönlichen Gespräche auch wichtig waren.

Zurückschauend auf diese Zeit an der Grenze: Man sagt manchmal, man erinnert sich nur an die guten Sachen. Aber ich kann mich auch an den ganzen Streß erinnern, den ich hatte. Zum einen der Streß an der Grenze selber, wenn man da bei Kälte und Schnee die acht Stunden rumkriegen mußte. Oder auch dieser psychische Druck, der da war. Da waren diese Manöver, diese Ausbildung, das war schon psychisch und physisch sehr belastend. Was auch für mich psychisch belastend war, daß ich in der Nähe meines Wohnortes stationiert war. Zum einen konnte ich in jeder freien Minute auch mal nach Hause gehen. Das hat eben keiner gekonnt wie ich, auch mal abends nach dem Dienst. Als Unteroffizier hatte man ja schon ganz schöne Freiheiten. Was aber belastend war für mich, war der Druck, den ich durch meinen Zugführer hatte. Das ist vielleicht nicht bei jedem so, aber mein Zugführer speziell hat das sehr stark ausgenutzt. Der war selber ein Typ, der gerne nach oben hin glänzen wollte mit seiner Truppe. Ich war dazwischen geschaltet und mußte den Druck weitergeben an die Truppe, mußte ständig die Zimmer kontrollieren von der Gruppe, die Betten, die Schränke, die Gruppenbücher. Was mir ehrlich überhaupt nicht lag, Druck zu machen auf die Soldaten, mit denen ich auch im Grenzdienst auskommen mußte. Wenn irgend etwas nicht klappte, hatte ich das nachzuholen und konnte selber erst dann gehen. Oder aus irgendwelchen willkürlichen Gründen hat er zu mir gesagt, ich kann jetzt nicht rausgehen, den Ausgang nicht nehmen. Ich hatte damals eine Freundin aus dem Nachbarort, die eigentlich immer wußte, wann ich dienstfrei hatte, und auf mich wartete. Wenn es dann

durch irgendwelche sehr schikanösen Gründe nicht möglich war, war das für mich ganz schön belastend. Das wäre vielleicht nicht gewesen, wenn ich weit weg von zu Hause gewesen wäre. Dann wäre es mir vielleicht egal gewesen, ob ich den Abend in der Kompanie verbringe oder mich irgendwo in die Kneipe setze. Aber so war das doch manchmal sehr unangenehm.

Nach Abschluß des Studiums habe ich eine Stelle angetreten als Revierförster und konnte in meinem Geburtsort leben und wohnen bleiben, da das Revier sehr günstig in der Nähe lag. Ich habe etwa zwei Jahre lang diese Stelle als Revierförster gehabt, dann hatte ich 1985 einen schweren Verkehrsunfall. Aufgrund der Schwere meines Unfalls habe ich über ein Jahr lang im Krankenhaus gelegen, und dort wurde mir sehr schnell klar, daß ich als Revierförster im Außendienst nicht mehr arbeiten konnte. Da auch keine passende Stelle mit meiner Ausbildung in der Nähe zu haben war, wurde ich von den Ärzten als Invalidenrentner eingestuft und 1987 offiziell zum Invalidenrentner.

Vergünstigungen gab es für Invalidenrentner, daß man zum Beispiel relativ schnell den Kauf eines Pkw durchführen konnte. Ich habe einen Trabant beantragt und erhalten, der behindertengerecht umgebaut war. Eine weitere Vergünstigung war für DDR-Rentner, daß man in den Westen fahren durfte, was ich natürlich ausgenutzt habe, indem ich einen Antrag stellte auf Reisen in die Bundesrepublik, was auch genehmigt wurde. Ab Ende '87 bin ich mit dem Pendelbus, den es damals gab, von Leinefelde über Worbis, Teistungen nach Duderstadt gefahren, habe auch einige größere Reisen zu Westverwandten unternommen.

Etwa Mitte 1988, ich konnte zu der Zeit schon einige Monate mit meinem Pkw in den Westen fahren, passierte folgendes: Meine Mutter erzählte mir von einem Besuch, der an diesem Tag stattfand durch ehemalige Studienkollegen. Und da ich nicht zu Hause war, wurde ein Termin vereinbart für einige Tage später, wo diese Besucher nochmal kommen wollten. Ja, gewundert habe ich mich schon. Natürlich gab es auch im Bereich der Forstwirtschaft einige Kollegen, das war speziell die Forsteinrichtung, die auch im Grenzgebiet ihre Arbeit taten. Und ich vermutete, daß einige dieser ehemaligen Kollegen vielleicht als Besuch zu mir kommen wollten.

Als dann dieser vereinbarte Tag kam, wo der Besuch zu mir kommen wollte, habe ich mich bereitgehalten. Ich sah auch bereits einen Pkw Wartburg vorfahren, der mich schon stutzig machte, weil es eigentlich kein Forstfahrzeug war. Und auch von der Farbe her sah er schon diesem typischen DDR-Grenztruppen-Wartburg ähnlich. Dann kamen zwei Personen, die ich vom Fenster her schon nicht als Bekannte erkannte. Und als die klingelten, machte ich auf, und sie begrüßten mich. Meine Mutter stand noch im Hintergrund. Nachdem meine Mutter ins Hinterzimmer gegangen war, fragten sie mich, ob wir uns ungestört unterhalten könnten. Ich führte sie zu meinem Zimmer und sagte von mir aus, daß mir eigentlich nicht bekannt wäre, daß wir uns in irgendeiner Weise kennen würden. Sie sagten auch sehr schnell, ohne große Umschweife, sie wären von der Staatssicherheit in Erfurt und hätten gerne mit mir ein Gespräch geführt, ob wir uns ungestört unterhalten könnten. Ich hab' sie dann gebeten, Platz zu

Es geht um Ruhe, Ordnung und Sicherheit im Grenzgebiet. Eine gute Zusammenarbeit zwischen Kompaniechef, Bürgermeister und dem ABV ist dafür eine Voraussetzung. Die freiwilligen Helfer der Grenztruppen der DDR leisten in ihrer Freizeit zahlreiche Stunden Grenzdienst

Im Faltblatt zum 40jährigen Bestehen der Grenztruppen wurde das Zusammenwirken von Grenztruppen, Polizei, Bürgermeister und den Freiwilligen Helfern der Grenztruppen hervorgehoben. Tatsächlich wurden die meisten Fluchtwilligen durch dieses »Zusammenwirken« im Grenzgebiet bereits vor der eigentlichen Grenze festgenommen.

nehmen. Ich konnte ja nichts weiter machen, war natürlich sehr aufgeregt. Denn wenn man den Begriff Staatssicherheit hörte, wußte man natürlich in der DDR, daß überall Gefahr bestand, daß man vielleicht was Verbotenes gemacht hatte. Ich war also sehr, sehr aufgeregt, und die Herren von der Staatssicherheit sagten mir auch noch, daß sie meiner Mutter gesagt hatten, daß sie Studienkollegen waren, damit es ihr nicht gleich so auffiel. Sie wollten aber gleich sagen, worauf ich mich einlassen würde und warum sie an meiner Mitarbeit Interesse hätten. Der Grund war vor allen Dingen der, daß ich mit dem Pkw in den Westen, in die Bundesrepublik, fahren durfte, und daß ich da verschiedene Möglichkeiten hätte, die andere DDR-Rentner vermutlich nicht haben. Das wäre nach ihrer Meinung der Hauptgrund, warum sie ein Interesse an meiner Mitarbeit hätten. Auf welchem Gebiet ich eingesetzt werden sollte oder überhaupt, welche Mitarbeit gewünscht wurde, das wurde offenbar gar nicht gesagt. Zumal ich dann auch gleich zu bedenken gab, daß ich kein Interesse hatte, irgendwelche Zuarbeit zu leisten. Sie sprachen gleich davon, daß ich auch durchaus Vorteile haben könnte, die sie im Moment nicht näher herausstellten. Sie sagten auch, daß ich bekannt wäre als Umweltschützer im Eichsfeld, und daß sie mir da bestimmt auch helfen könnten auf verschiedenen Gebieten, die sie aber auch nicht näher beschrieben. Ich habe nochmal gesagt, daß ich dort nichts machen wollte auf diesem Gebiet Staatssicherheit. Und dann wandelte sich natürlich ihre ganze Einstellung. Bis dahin waren sie recht freundlich, und als sie merkten, daß sie auf die Weise nicht an mich herankamen, sagten sie, daß sie auch andere Möglichkeiten hätten, daß ihnen bekannt wäre, daß ich in der Bundesrepublik Kontakt aufgenommen hätte bei meinen Fahrten zu Gruppierungen, zu Umweltschutzgruppen auch, was laut den DDR-Gesetzen nicht erlaubt wäre. Dann erzählten sie mir auch von meiner Westverwandtschaft, die ich hatte, waren also sehr gut informiert darüber. Und das Letzte war, wo ich am meisten erschrocken war, daß sie Kenntnis hätten von einem Vorgang, wo ich vor Jugendlichen einiges über die DDR gesagt hätte im Jugendhaus in Duderstadt. Und mir stieg das Herz bis hoch in den Hals. Ich war total

geschockt, woher sie diese Information haben könnten. Meine Gedanken schossen mir nur so durch den Kopf, und ich konnte auch nicht sofort drauf reagieren. Aber nach kurzer Überlegung habe ich gesagt, daß ich trotzdem kein Interesse habe, aber ich bat mir dann doch noch einige Tage Bedenkzeit aus, weil sie auch den Druck immer wieder verstärkten. Sie sagten, sie könnten mir große Schwierigkeiten machen. Meine Fahrten in den Westen wären dann für mich auch erledigt. Ich weiß jetzt nicht, was noch an weiterer Druckmitteln dazu kam, weil ich zu dem Mittel griff, mir Bedenkzeit auszubitten. Darauf gingen sie auch ein, verabschiedeten sich und sagten, daß sie wiederkommen würden. Nachdem sie mich verlassen hatten, war ich erstmal für Stunden fast wie gelähmt. Die Gedanken schossen mir immer noch durch den Kopf, und ich überlegte, wem ich von diesen Vorkommnissen erzählt hatte, von diesem Besuch im Jugendhaus und auch von den Gruppen, wo ich Kontakt hatte, was sie konkret meinen könnten. Es gab natürlich einige Umweltschützer, auch zu den Jugendlichen hatte ich damals schon Kontakt in Duderstadt. Ich wußte nur nicht, ob das wirklich solche schwerwiegenden Vergehen sein könnten, daß sie konkrete Schritte gegen mich unternehmen könnten. Also, so richtig klar war mir mein Vergehen eigentlich nicht, obwohl mir natürlich schon klar war, daß der Kontakt zu Umweltschützern für die DDR bestimmt auch ein bißchen problematisch war, da die Aktivitäten von Umweltschützern in der DDR in manchen Gebieten als staatsfeindlich eingestuft wurden. Diese Gedanken machte ich mir schon, und in den folgenden Tagen konnte ich manchmal

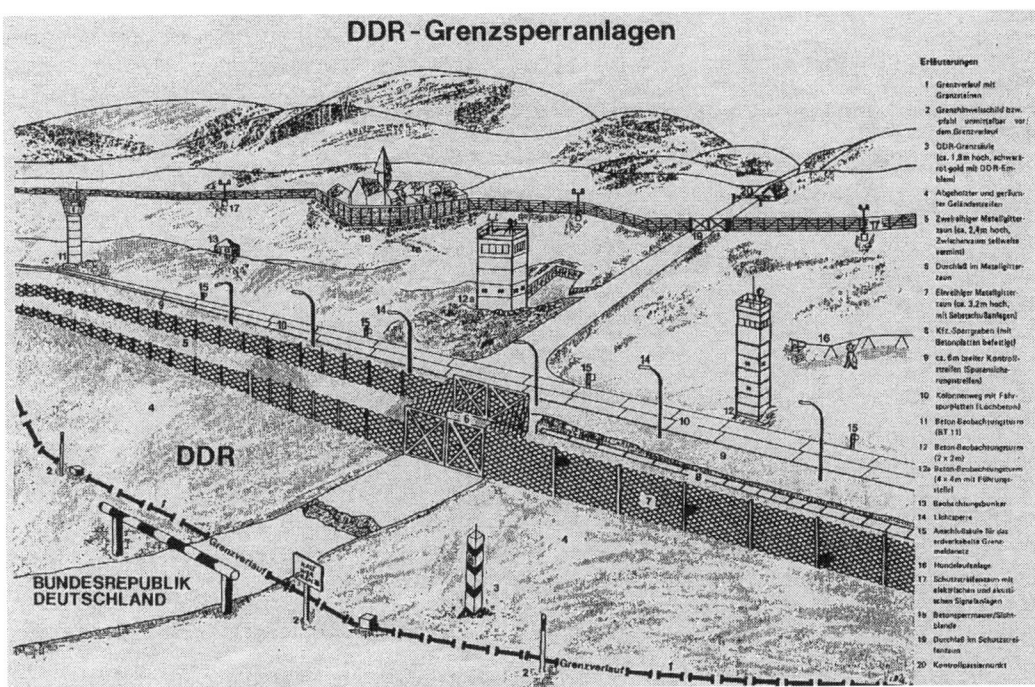

Schematischer Aufbau der Grenzsperranlagen bis zum Abbau der Bodenminen und der Selbstschußanlagen Mitte der achtziger Jahre. Diese Informationsblätter wurden vom Bundesgrenzschutz erarbeitet und an Besuchergruppen an der Grenze verteilt.

nächtelang, stundenlang nicht schlafen, weil mir diese Gedanken durch den Kopf gingen: Was wäre, wenn ich mich doch verpflichten würde? Die Hauptprobleme, die ich dabei sah, die Hauptargumente, die gegen eine Zusammenarbeit sprachen für mich, waren ganz einfach die, daß ich das mit meinem Gewissen überhaupt nicht vereinbaren konnte. Zum einen als Umweltschützer aktiv zu sein und dann dort mit diesen Leuten zusammenzuarbeiten, zum anderen, wenn man in so einem kleinen Dorf wohnt, ist es natürlich schwerwiegend, wenn bekannt werden würde, daß ich mit der Staatssicherheit zusammenarbeiten würde. Das ging mir immer durch den Kopf, zumal ich auch im Dorf einen großen Bekanntenkreis hatte, auch sehr die

Zusammenarbeit mit unserem Pfarrer im Ort. Ich war im Familienkreis und in verschiedenen kirchlichen Einrichtungen und malte mir aus, daß ich unserem Pfarrer gar nicht mehr in die Augen sehen könnte, wenn ich dort mit diesen Leuten zusammenarbeite. Das Hauptargument für mich war, daß ich kurz davor stand zu heiraten. Ich hatte im Mai '89 Termin für eine Hochzeit, und ich konnte natürlich auf keinen Fall meiner Frau davon erzählen. Ich merkte dann sehr bald, daß ich so ein Leben nicht hätte durchhalten können, meiner Frau so etwas zu verheimlichen, weil ich ständig mit diesem schlechten Gewissen leben müßte, wenn es doch mal vielleicht rauskommen würde oder so, dann wäre wahrscheinlich das Vertrauen meiner Frau auch vollkommen

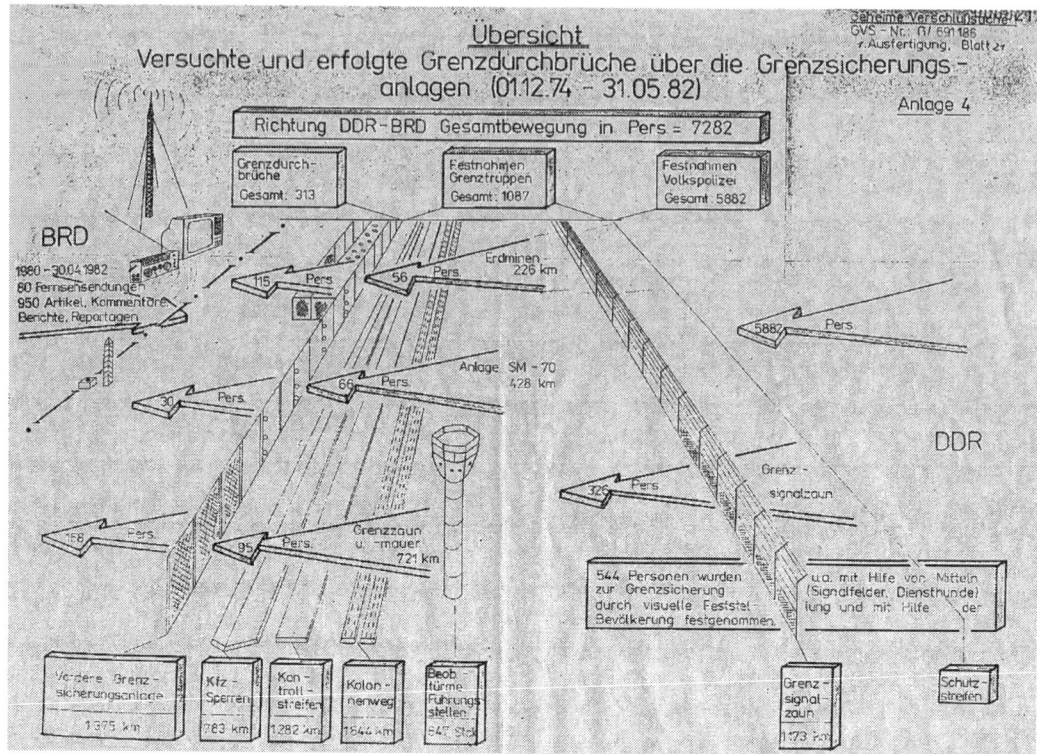

»Versuchte und erfolgte Grenzdurchbrüche über die Grenzsicherungsanlagen« der DDR zwischen 1974 und 1982. Diese Aufstellung entstammt einer »Konzeption des Ministeriums für nationale Verteidigung über den Stand und weiteren Ausbau der Grenze zur Bundesrepublik sowie zu Polen und der »ČSSR« aus dem Jahre 1982.

dahin gewesen. Und so etwas kurz vor der Hochzeit, das hätte ich niemals durchhalten können. Ich hatte vor, den Leuten von der Staatssicherheit das auch zu sagen. Als der Termin kam, ich glaube, die riefen sogar nochmal an und machten einen Termin aus, habe ich sie wieder recht freundlich hereingebeten in mein Zimmer und hab' ihnen ohne Umschweife ganz klar gesagt, daß ich auf keinen Fall mit der Staatssicherheit zusammenarbeiten würde. Danach war ich natürlich fast bis zum Zerreißen gespannt, was nun passieren würde, wie sie darauf reagieren würden. Ich hatte die Gründe alle aufgezählt und war sehr überrascht,

daß mir kurz und bündig gesagt wurde, daß man diese Gründe akzeptiert. Nur eine Bitte hatte der an mich, daß ich von diesem Gespräch niemandem erzählen möchte, und darauf verabschiedeten sie sich. Als sie rausgingen zur Straße hin, da fiel mir wirklich ein Felsbrocken vom Herzen, kann man sagen. Ich konnte mich noch Stunden danach nicht wieder richtig fassen, daß ich diese Sache überstanden hatte.
Andreas Borchardt,
Leinefelde, Jahrgang 1957

Reisen über die Grenze

Nach der Einführung der Sperrgebietsverordnung 1952 war der direkte Weg zwischen dem Unter- und Obereichsfeld gesperrt, die Verbindungsstraßen waren geschlossen. Wer nun seine Verwandten und Bekannten im anderen Teil des Eichsfeldes besuchen wollte, mußte einen Umweg von rund 200 Kilometern in Kauf nehmen. Der Weg führte mit der Bahn über Bebra/Gerstungen. Erst die Eröffnung des Grenzübergangs Duderstadt/Worbis im Jahre 1973 ermöglichte es wieder, auf kürzerem Wege zu reisen. Der Grenzübergang, dessen Einrichtung auf der Entspannungspoltik und dem Grundlagenvertrag von 1972 zwischen der Bundesrepublik Deutschland und der Deutschen Demokratischen Republik beruhte, war vorwiegend für den sogenannten grenznahen Verkehr sowie den Reiseverkehr gedacht. Der grenznahe Verkehr, auch kleiner Grenzverkehr genannt, galt für die Bewohner der Gebiete, die beiderseits der Grenze lagen. Sie sollten die Möglichkeit erhalten, einfacher und schneller ihre Verwandten und Bekannten auf der anderen Seite der Grenze besuchen zu können. In der Realität konnten jedoch nur wenige Menschen in der DDR diese Möglichkeit nutzen. Nur in Ausnahmefällen und in dringenden Familienangelegenheiten erhielten Bürger unterhalb des Rentenalters eine Reisegenehmigung. Langwierige Antragsverfahren gingen der Reiseerlaubnis voraus. Der Abschnittsbevollmächtigte der Volkspolizei und die Betriebe gaben Stellungnahmen und Empfehlungen ab. Die Entscheidungen fällte das Amt für Paß- und Meldewesen, sie wurden in der Regel erst sehr kurz vor der Reise bekannt gegeben. Erst im Laufe der Jahre wurden die Reisemöglichkeiten für DDR-Bürger schrittweise etwas erweitert, dennoch unterlagen sie bis zur Grenzöffnung sehr großen Beschränkungen, die wachsenden Protest hervorriefen. Trotz dieser Einschränkungen förderte der neue Grenzübergang im Eichsfeld die Kontakte über die Grenze hinweg, auch wenn immer wieder neue bürokratische und finanzielle Hürden, wie die Erhöhung des Mindestumtausches auf 25 DM pro Tag für Westdeutsche, geschaffen wurden. Gerade im Eichsfeld nutzte die Bevölkerung die neuen Reisemöglichkeiten aus, um regelmäßig mit Verwandten und Freunden zusammenzutreffen.

Wir mußten einen großen Umweg fahren mit dem Interzonenzug.

REISE VOM EICHSFELD INS EICHSFELD 1971
Das erste Erlebnis, woran ich mich noch erinnern kann, ist meine erste Fahrt in die DDR gewesen. Wir waren 1971 zu einer Familienfeier nach Holungen im Kreis Worbis eingeladen, das 10 Kilometer von Duderstadt entfernt liegt. Wir hatten die Genehmigung bekommen, meine Mutter, mein Bruder und ich. Dann haben wir für einen kleinen Jungen von zehn Jahren eine abenteuerliche Reise gemacht. Wir mußten einen großen Umweg fahren mit dem

Verbindung mit drüben halten durch Reisen, Briefe, Blumen und Pakete

Die Regierung der Bundesrepublik warb für Kontakte mit den Menschen »drüben« in der DDR, da nach dem Mauerbau die Kontakt- und Reisemöglichkeiten sehr stark eingeschränkt worden waren. Dieses Plakat wurde 1966 vom »Büro für gesamtdeutsche Hilfe« herausgegeben und sollte daran erinnern, zu Ostern Päckchen in die DDR zu schicken.

Interzonenzug, um bis nach Holungen zu kommen. Es war schon recht aufregend. Man ist ja früher nicht so sehr aus der Stadt herausgekommen. Wir sind also mit dem Omnibus von Duderstadt nach Göttingen gefahren und in den Zug umgestiegen. Der fuhr mit uns hinunter bis nach Bebra, und da mußten wir in den Interzonenzug umsteigen. Je näher der Zug an die Grenze kam, merkte man schon, wie die Leute im Abteil stiller wurden. Ich kann mich erinnern, daß mein Bruder und ich von unserer Mutter angewiesen wurden, uns ruhig zu verhalten. Ich gehe davon aus, daß sich auch bei den Erwachsenen ein bißchen Angst und Unruhe breit machten. Man wußte ja nie, wie die Kontrollen durchgeführt wurden, was alles passieren konnte. Und deswegen hatten wir unsere Anweisungen bekommen, ein bißchen ruhig zu sein, um nicht irgend etwas zu provozieren. Uns Jungen war das sicherlich nicht so bewußt. Zunächst kamen die bundesdeutschen Kontrollen, die nur die Pässe kontrollierten. Das war's dann. Der Zug rumpelte dann langsam weiter, bis man nach Gerstungen reingefahren war, in den Grenzbahnhof, wo die DDR-Kontrollen durchgeführt wurden. Die dauerten natürlich alle ein bißchen länger. Der Zug hat erstmal eine Weile gestanden, bis die Türen aufgemacht wurden. Dann kamen die Kontrolleure rein. Für mich war das besonders beeindruckend, weil sie nicht nur die Pässe haben wollten, sondern »Reisedokumente« gesagt haben – ein Wort, das ich noch nie gehört hatte. Danach kam noch die Zollkontrolle, aber aus unserem Abteil ist niemand hinausgebeten worden, und niemand wollte in unseren Koffer hineingucken. Danach hat es wieder eine Weile

gedauert, bis der Zug wieder anfuhr. Wir fuhren bis nach Eisenach, wo wir von unserem Onkel abgeholt wurden. Das war auch wieder etwas Neues, weil wir mit einem Trabant fuhren. So ein Auto hatte ich natürlich mit meinen zehn Jahren damals auch noch nicht gesehen. Man kannte ja VW und Mercedes, aber so ein Auto aus Plastik, »Plaste«, wie mein Onkel es bezeichnet hat, das war schon etwas Neues. Auch der Geruch, der von dem Auto ausging, diese Abgasfahnen, das Zweitaktgemisch, das das Auto verbrannt hat, war etwas ganz Neues für meine Nase. In den Innenstädten hat sich dieser Braunkohledunst aus den Schornsteinen damit vermischt. Das hat sich bei mir in der Nase eingeprägt. Für mich war das ein Zeichen: Ich lebe in einer ganz anderen Welt. Diese Düfte kannte ich von zu Hause nicht. Ich glaube, ich bin froh gewesen, daß meine Mutter auch dabei gewesen ist, daß ich nicht gänzlich alleine gestanden habe. Es war schon beeindruckend diese neue Erfahrung, vor allen Dingen, von Eisenach über Mühlhausen, Leinefelde, Worbis bis nach Holungen zu fahren. Da kam die Familienfeier, da kann ich mich an das Mittagessen erinnern. Es war die Erstkommunionfeier meines Cousins. Die Familienfeier ist zu Hause im Wohnzimmer durchgeführt worden. Besonders kann ich mich an den Nachtisch erinnern, den es da gegeben hat. Es war eine Götterspeise, mit einer Farbe, die ich auch noch nicht gesehen hatte. Vom Äußeren her war mir das alles schon ein bißchen suspekt und, nachdem ich ein Löffelchen probiert hatte, habe ich mich geweigert, den Pudding aufzuessen.
Klaus Lüdge,
Duderstadt, Jahrgang 1961

Natürlich war das immer ein beklemmendes Gefühl, an die Grenze zu kommen.

REISEN ÜBER DEN GRENZÜBERGANG DUDERSTADT/WORBIS 1988/89
Durch meinen verschlechterten Gesundheitszustand erhielten wir 1988 zum Geburtstag der Mutter die Genehmigung, mit dem Pkw zu reisen. Wir hatten in unserem Ort einen Bekannten, der auch einmal die Genehmigung bekam, mit dem Pkw in diese Richtung zu reisen. Er sprach von dem Grenzübergang Worbis, der uns völlig unbekannt war. Wir haben daraufhin beim VP-Meldeamt (Volkspolizei-Meldeamt) in Olbernhau diesen Grenzübergang angegeben. Er wurde uns auch genehmigt. In Ferna war die erste Grenzkontrolle. Es war ein Schlagbaum an der Straße, und abgefertigt wurden wir durch einen Volkspolizisten. Daraufhin sind wir weitergefahren. Natürlich war das immer ein gewisses beklemmendes Gefühl, an eine Grenze zu kommen. Wir sind es einigermaßen gewöhnt, weil wir an der tschechischen Grenze wohnen, die damals in der DDR-Zeit auch über Pkw-Grenzübergänge verfügte. Angekommen am Grenzkontrollpunkt in Worbis war noch eine kleine Vorsperre. Ich habe als Beifahrer meine Papiere dem Grenzkontrolleur rausgegeben, er hat sie kontrolliert und gab sie mir zurück.

Er gab mir Anweisung, die Papiere in einer bestimmten Reihenfolge aufzulegen, vorne auf das Armaturenbrett. Dabei habe ich doch etwas geschaut, und daraufhin wurde ich gleich sehr unhöflich daraufhin gewiesen, ich sollte das so liegen lassen, wie er das vorschreibt. Dann wurden wir eingewiesen, das weiß ich noch genau, meinetwegen:

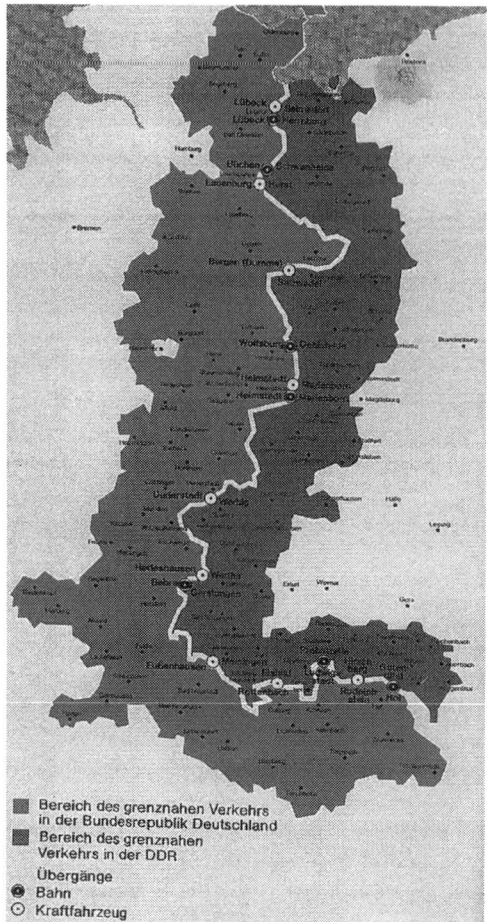

Bereich des grenznahen Verkehrs
in der Bundesrepublik Deutschland

Bereich des grenznahen
Verkehrs in der DDR

Übergänge
⊕ Bahn
⊙ Kraftfahrzeug

Bevor 1973 die Regelungen für den grenznahen Verkehr in Kraft traten und der Grenzübergang Duderstadt/Worbis eingerichtet wurde, mußte man einen Umweg über den Übergang Bebra/Gerstungen fahren, wollte man von einem in den anderen Teil des Eichsfeldes reisen.

Fahrspur Nummer vier. Als erstes kam die Zollabfertigung. Wir mußten, wie üblich, vorne die Kühlerhaube öffnen. Auf dem Rücksitz hatten wir Gepäck, und dann wurde in den Kofferraum geschaut. Wir wurden mehrfach gefragt, warum wir so viele Kleidungsstücke mit uns führen würden, es wäre doch sehr viel und reichlich. Daraufhin haben wir geantwortet: »Es ist ja kalt, und

wir müssen uns darauf einrichten und warme Sachen bei uns führen«, usw. Das haben sie letzten Endes akzeptiert. Die ganze Abfertigung hat eine Dreiviertelstunde gedauert, obwohl wir der einzige Pkw waren, der von der DDR in Richtung BRD fuhr. Auf der Gegenspur war etwas mehr Betrieb, und die Pkw, die aus Richtung Duderstadt kamen, wurden etwas zügiger abgefertigt. Wir haben damals schon beobachtet, die hatten alle Apfelsinen und Bananen usw. Das war für uns etwas Besonderes. Wir durften weiterfahren, ungefähr 50 Meter hinter der Abfertigung war eine Schnellstraßensperre. An den Anblick kann ich mich noch genau erinnern. Dann kam das Abfertigungshäuschen auf der Westseite, das war nur ein kleines Häuschen. Wir mußten unseren Paß vorzeigen, die Leute vom Bundesgrenzschutz waren sehr freundlich. Das war unser erster Grenzübergang im Februar 1988. Wir fuhren dann endlich weiter und kamen durch Duderstadt. Für mich waren vor allen Dingen diese ordentlichen Häuser beeindruckend. Was heißt ordentlich, die waren eben farbig gestaltet, während bei uns in der DDR alles grau in grau aussah, und natürlich die Auslagen, die Schaufenster usw. Bei der Weiterfahrt war für mich als Kraftfahrer der gute Zustand der Straßen imponierend. Das war der erste Eindruck nach dem Passieren der Grenze.

Im November 1989 bekamen wir von meiner Stiefmutter einen Brief mit einem amtlich beglaubigten Attest, daß sie sehr krank ist und in ein Altenpflegeheim eingewiesen werden müßte. Wir sollten ihr doch dabei helfen und die Vorbereitungen treffen. Wir haben daraufhin vorgesprochen bei unserer zuständigen VP-Meldestelle in Olbern-

hau. Dort wurde uns glatt eine Absage erteilt. Es sei kein Grund, um in die BRD reisen zu dürfen. Daraufhin sind wir in unsere Kreisstadt gefahren, das ist Marienberg, zum Volkspolizeikreisamt, haben dort nochmal unser Vorhaben vorgebracht, und dort wurden wir an und für sich sehr freundlich abgefertigt und wurden gefragt: »Na, wann wollten Sie denn da fahren?« Da haben wir gesagt: »So schnell wie möglich.« Er hat es dann ermöglicht, daß wir am Mittwoch, das müßte der 7. November 1989 gewesen sein, die Pässe abholen konnten im Kreispolizeiamt. Wir durften dann auch den Mindestumtausch vornehmen. Es zählte ja jede Westmark. So haben wir in aller Eile unsere Vorbereitungen getroffen und uns am 8. morgens auf den Weg gemacht. Wir sind wieder hier in Ferna abgefertigt worden, und plötzlich merkten wir, es war eine ganz andere Atmosphäre. Es war ja auch die Zeit, als Honecker und das alte Politbüro bereits abgelöst wurden. Meine Frau und ich haben uns wirklich sehr betroffen angeschaut, als der Zollbeamte uns überhaupt nicht groß kontrollierte und noch fragte, wie denn im Erzgebirge das Wetter sei. Das war für uns dermaßen überraschend, weil wir so etwas überhaupt nicht gewöhnt waren, denn die liefen ja meistens nur mit versteinerten Mienen herum und haben kein Wort außerdienstlich an die Reisenden gerichtet. Ganz positiv war zu bewerten, daß diese Abfertigung innerhalb von fünf Minuten geschah. Das war wirklich überraschend für uns. Die allergrößte Überraschung war natürlich, am anderen Tage in Clausthal-Zellerfeld im Fernsehen zu erfahren, daß die Grenze geöffnet ist.
Klaus Reuter,
Olbernhau, Jahrgang 1928

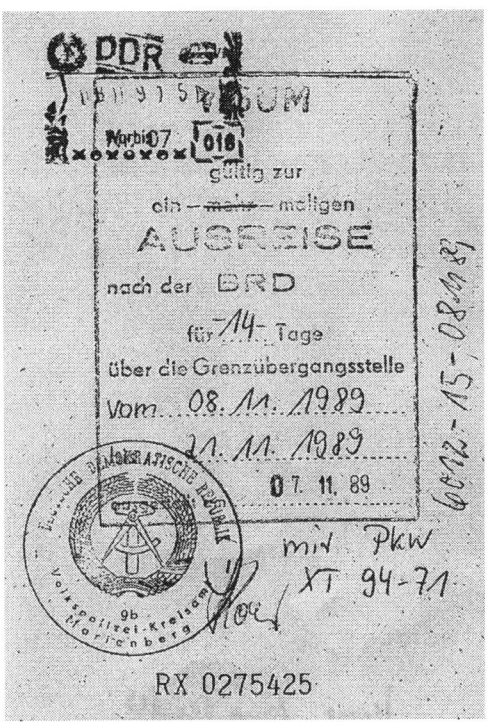

Mit diesem Visum reiste das Ehepaar Reuter im November 1989 in die BRD, einen Tag vor Öffnung der Grenze.

So, und jetzt sind wir hier drüber.

REISEN ÜBER DEN GRENZÜBERGANG DUDERSTADT/WORBIS 1988
Empfunden habe ich das als eine ganz große Sensation, daß wir mit dem Pkw gemeinsam, das war ja schon selten, in die BRD einreisen durften. Wir haben uns der Grenze genähert hinter Worbis, was mit einer ganz großen inneren Erregung verbunden war. Obwohl wir wußten, daß wir nichts Verbotenes bei uns führten, fühlten wir uns doch irgendwie unsicher. Man wußte ja nie, was einen erwartet. Am ersten Grenzkontrollpunkt, will ich ihn mal nennen, in der 5-Kilometer-Sperrzone war ein relativ netter Volkspolizist, der uns darauf hinwies, daß wir auch

Blick auf die Abfertigungsanlagen der Grenzübergangsstelle Worbis im September 1987.

alle Papiere bei uns haben. Es wäre schon vorgekommen, daß Leute wieder zurückgeschickt worden, weil sie meinetwegen den Personalausweis vergessen hatten. An der Grenze angekommen, immer bemüht, nichts falsch zu machen, immer auf der richtigen Spur zu bleiben, haben wir unsere Pässe abgegeben. Mein Mann hat die Unterlagen rechts zum Fenster rausgegeben. Als sie zurückkamen und er sich für alles sehr interessierte, wurde er angeherrscht, alles so liegenzulassen. »Sie geben das so weiter, wie ich Ihnen das jetzt in die Hand gegeben habe!« Wir waren ziemlich erschrocken. Dann wurden wir eingewiesen auf die Spur vier, da blieben wir stehen und haben gewartet. Endlich wurden unsere Pässe abgenommen, sie wurden in ein Fenster reingereicht. Das dauerte wieder lange, und wir wunderten uns, aber wortlos, man versuchte, sich dort nicht zu unterhalten. Wir wunderten uns, weshalb das alles so lange dauerte, wir waren doch das einzige Fahrzeug. Nach etwa einer halben Stunde haben wir unsere Pässe zurückbekommen und konnten uns Richtung Grenze bewegen. Es war immer noch so, daß man es nicht glauben konnte, daß man jetzt in den Westen fuhr. Ganz erschrocken waren wir, als wir die Straßensperre entdeckten, und ich glaube, da habe ich nochmal richtig Gas gegeben und habe gesagt: »So, und jetzt sind wir hier drüber.« Dann kam der Posten von der BRD, der empfing uns recht freundlich, und das hat uns erst einmal richtig erleichtert. Die ganze Last war von uns abgefallen, als wir ungehindert unserem Ziel entgegenfahren konnten, das war Clausthal-Zellerfeld. Ich hatte eine Cousine in der Nähe von Frankfurt, wir sind im gleichen Alter und als Kinder sehr viel zusammen gewesen. Das war uns nun nicht mehr möglich. Da haben wir uns einen Schlachtplan entwickelt: Wir fahren gemeinsam nach Clausthal-Zellerfeld, ich konnte in der DDR eine Fahrkarte kaufen von Goslar nach Friedberg, wollte also eine Nacht bei der Schwiegermutter übernachten und dann mit dem Zug weiterfahren nach Friedberg. Aus diesem Grund sind wir an der Grenze mehrfach gefragt worden, weshalb wir so viel Gepäck mit hatten. Ich hatte schon getrennt gepackt, einen Koffer für meinen Mann nach Clausthal-Zellerfeld und einen Koffer für mich weiter nach Friedberg. Das war den Zolldamen etwas zu schleierhaft. Wir hatten aber die Ausrede parat, daß doch Winter sei, wir in den Oberharz fahren und die Witterungsbedingungen dort noch ganz anders sind. Jedenfalls bin ich in Clausthal-Zellerfeld am nächsten Tag schon weitergefahren nach Friedberg und habe fünf Tage bei meiner Cousine zugebracht. Ich bin mit einem Koffer dort hingereist und mit drei Koffern wieder zurück. Ich habe mich fast geschämt, ich bin überhäuft worden mit Geschenken und konnte das gar nicht allein transportieren im Zug. Ich hatte, wie gesagt, drei Koffer.

Als ich von Friedberg in Goslar auf dem Bahnhof ankam, hat mich mein Mann abgeholt. Ich habe ihm angesehen, daß er sich gar nicht gut fühlt. Er sah wirklich richtig krank aus. Aus diesem Grunde haben wir uns nicht länger in Clausthal-Zellerfeld aufgehalten und sind schon am nächsten Tag zurück-

gereist, nachdem mein Mann an dem Abend wirklich sehr krank war. Es war Schneesturm und fürchterlich. Ich hatte meinem Mann mehrfach gesagt, je näher wir der Grenze kamen: »Du steigst nicht aus, Du bleibst sitzen, Du bist krank.« Und so war das dann auch an der Grenze. Ich mußte aussteigen, den Kofferraum öffnen, und wir hatten entsprechend viel Gepäck. Die Zollbeamte ging mich recht barsch an, ausgerechnet den unteren Koffer herauszunehmen. Ich mußte mit ins Zollgebäude und den Koffer öffnen. Sie hat sich gewundert über die vielen Sachen. Ich hab' natürlich gesagt, daß das Geschenke sind. Nach heftigem Gemurmel, es waren nicht direkt bösartige Reden, aber sie war nicht sehr höflich, konnte ich wieder einpacken. Sie hatte halt doch nicht das gefunden, was sie im Auge hatte, denn wir hatten uns sehr bemüht, ganz nach dem Gesetz zu handeln, keine Zeitschrift, keinen Prospekt und nichts mitzuführen, damit das nicht etwa die letzte Reise war, die wir genehmigt bekamen. Man mußte ja immer damit rechnen, wenn man irgendeine Kleinigkeit nicht beachtet hat, daß alles vergessen und vorbei war.
Lena Reuter,
Olbernhau, Jahrgang 1942

Wir mußten mindestens bis 24 Uhr die Grenze passiert haben.

FAHRTEN IM GRENZNAHEN VERKEHR: DER MÄNNERGESANGSVEREIN WESTERODE BESUCHT DEN HOLUNGER KIRCHENCHOR 1987/88
Jeder von uns hat an den Kreis geschrieben und um Erlaubnis gebeten, im Rahmen des kleinen Grenzverkehrs

Blick auf die Grenzübergangsstelle Worbis, im Hintergrund der Ort Teistungen. Der weiße Strich über die Straße markierte den Grenzverlauf zwischen der DDR und der BRD. Die Grenze verlief einige 100 Meter von den Sperranlagen entfernt.

hier in den Kreis Worbis zu kommen. Diese Genehmigungen sind dann peu a peu eingegangen bei uns. Der größte Teil, ich würde sagen so 80, 90 Prozent, hat die Genehmigung bekommen, um einreisen zu können. Vielleicht wollte man die Anzahl der Genehmigungen ein bißchen drosseln, daß man gesagt hat: Diese Flut, die wollen wir hier gar nicht haben. Wir möchten das hier ein bißchen im Rahmen behalten.

Um zu dieser Genehmigung zu kommen, zum Betreten des Gebietes, hat jeder von uns einen Antrag gestellt an die Polizeistation in Worbis. Natürlich nicht gerade zusammen, sondern alle

in einem Abstand von ungefähr vier Wochen, so daß man nicht davon ausgehen konnte, daß dies eine gezielte Aktion ist. Die Polizei konnte das nicht bemerken, daß da was los war. So wurden einige Anträge am 1. Februar gestellt, der nächste dann am 10. Februar usw., und so war zumindest eine sehr große Vermischung da.

Wir sind morgens in den Bus eingestiegen, in Duderstadt an der Unterkirche, und sind langsam hier über den westdeutschen Punkt gefahren und dann über den DDR-Punkt. Dort wurden wir eingehend kontrolliert, Pässe rausgenommen usw. Es hat kein Mensch gesprochen im Bus, jeder war sehr vorsichtig, bloß nichts verlauten lassen. Komischerweise hat man auch gar nicht seitens der kontrollierenden Leutchen bemerkt, daß wir alle nach Worbis oder nach Holungen wollten. Das ist irgendwie untergegangen. Denn sonst, wenn auf einmal 20 Leutchen zu einer Stelle wollen, ist das ja höchst verdächtig. Bei diesem Aufenthalt mußten wir auch Geld umtauschen, pro Person 25 Mark. Da kamen bei 34 Sängern 850 Mark zustande. Das ging aber sehr reibungslos vonstatten. Gegen Quittung wurde einem das Geld ausgehändigt. In Worbis angekommen, wurden wir von einem Bus der LPG in Holungen abgeholt. Die ganze Gesellschaft, das waren 34 Leutchen, das war im vorhinein besprochen worden, wurden abgeholt und zur Kirche in Holungen gefahren. In Holungen wurden wir von unseren Sangesbrüdern und Sangesschwestern empfangen vor der Kirche, und der Gottesdienst begann auch gleich um 10 Uhr. Dort sind wir hineingegangen und haben ein paar Lieder gesungen, wie auch der Kirchenchor von Holungen ein paar Lieder gesun-

Der Männergesangverein Westerode zu Gast beim Holunger Kirchenchor, 1988. Otto Leinemann ist der fünfte Sänger von rechts.

gen hat. Anschließend haben wir uns im Pfarrheim getroffen zu einer Kaffeetafel, zu der die Holunger den Kuchen gebacken hatten. Wir hatten den Kaffee dazu mitgebracht. Die Kaffeequalität in der DDR war wahrscheinlich nicht ganz so gut, und deswegen hatten wir Kaffee mitgebracht. Sonst war natürlich reichlich von allem da, wir haben im Überfluß geschwelgt, das muß man wohl sagen. Anschließend sind wir ein bißchen spazierengegangen in dem Ort Holungen selbst. Ich bin mit ein paar Leuten bei dem Pastor gewesen, und der erzählte mir, daß wohl auch sein Telefon abgehört werden würde, und daß wir uns sehr vorsichtig zu bewegen haben. Die Atmosphäre, das Verhältnis unter den Beteiligten war ein sehr gutes und zwar auch deswegen, weil im vorhinein schon einige Leute aus verwandtschaftlicher Sicht hier gewesen sind in Holungen und sich mit den Verwandten unterhalten haben, so daß alles sehr freundschaftlich abgelaufen ist. Man ist uns sehr entgegengekommen und sehr zuvorkommend gewe-

sen. In jeder Weise war das eine ganz gelungene Veranstaltung. Bei dem Rücktransport gab es dann Probleme, weil der Bus, der uns morgens hier in Worbis abgeholt und nach Holungen gebracht hatte, am Abend nicht mehr ansprang. Nun mußte natürlich irgend etwas gemacht werden. Man vermutete, daß irgendwelche Leutchen etwas an dem Bus gemacht hatten, daß die ganze Geschichte ins Negative gezogen werden sollte. Schließlich haben die Beteiligten von der Holunger Seite einen Trabi-Konvoi besorgt, 10 oder 15 Trabi-Fahrzeuge, die uns über den Berg wieder nach Worbis zu dem Bus gefahren haben am Abend. Das ging sehr gut vonstatten. Probleme gab es auch noch, weil diejenigen, die nun an diesem Nachmittag beteiligt waren, Alkohol und Bier getrunken hatten zum Abendbrotessen. Die durften ja dann auch nicht mehr fahren. Also mußten manchmal die Kinder aus dem Bett getrommelt werden, um Fahrer zu haben, die diese Transporte erledigen konnten. Abends, ich glaube so um 23 Uhr, sind wir mit dem letzten Bus wieder in Richtung Duderstadt gefahren. Wir mußten zu dieser Abfahrtszeit in Worbis sein, um noch herüberzukommen, denn nach 24 Uhr hatte ja schon der neue Tag begonnen. Wir mußten mindestens bis 24 Uhr die Grenze passiert haben.

Im Anschluß an diese Veranstaltung habe ich auch von meiner Seite, als Vorsitzender, den Gesangsverein aus Holungen eingeladen zu einen Gegenbesuch nach Westerode. Man sagte, man würde ja gern kommen, aber das war aus irgendwelchen Gründen nicht möglich. Es wurde seitens der Holunger ein Antrag gestellt an den Rat der Stadt oder welche Institution das nun sein mußte, im Rahmen des Kulturabkommens über die Grenze zu kommen. Aber das war nicht möglich, jedenfalls haben wir nie wieder irgend etwas von dieser Sache gehört. Es ist auch nie wieder ein Gesangsverein bis 1989 über die Grenze gekommen.

Wir sind zum zweiten Mal im Juni 1988 zu dem Chor nach Holungen gefahren und zwar mit eigenem Pkw. Die Rückfahrt gestaltete sich folgendermaßen: Wir sind so gegen 22 Uhr hier an der Grenzstation in Teistungen wieder aufgetaucht mit ungefähr zehn Fahrzeugen, und überall saßen nun die Frauen und die Männer drin. Und der Posten der Grenztruppen, der wunderte sich: Nanu, nanu, zehn Fahrzeuge, alle kommen aus diesem kleinen Ort Holungen. Was ist denn da bloß los, und fragte dann. Dann haben die gesagt, ja, wir seien ein Männergesangverein und hätten in Holungen einmal gesungen. Unser zweiter Vorsitzender fragte auch gleich: »Sollen wir Ihnen auch noch ein Ständchen bringen hier auf der Station?« Da war

der hellauf begeistert, der Kontrolleur der Grenztruppen, und da sind wir alle ausgestiegen und haben uns aufgestellt und haben noch ein paar Volkslieder gesungen. Anschließend haben wir unsere Heimfahrt angetreten mit dem Gedanken, daß von jener Seite her das auch als ganz gut empfunden worden ist. Diese Episode trug sich im Juni 1988, abends 22 Uhr, hier auf dem Grenzübergang in Teistungen zu.
Otto Leinemann,
Duderstadt, Jahrgang 1933

Erinnerungen an den Herbst und Winter 1989/90

Die Ursachen für die Proteste in der DDR, die sich im Laufe des Jahres 1989 verstärkten, waren vielfältig und bestanden zum Teil schon seit Jahrzehnten. Die zunehmend schlechter werdende Versorgung mit Nahrungsmitteln und Gebrauchsartikeln, politische Unfreiheit und Überwachung durch Polizei und Staatssicherheit, Reisebeschränkungen, fehlende Meinungsfreiheit, Wahlbetrug und Umweltverschmutzung wollten mehr und mehr Menschen nicht mehr hinnehmen. Ermutigt durch die Politik Gorbatschovs und die Entwicklungen in den osteuropäischen Staaten, faßten viele Menschen auch in Ostdeutschland neuen Mut. Als im Mai 1989 Ungarn seine Grenzanlagen zu Österreich abbaute, nutzten viele, vor allem junge Leute die Möglichkeit, in den Westen zu gelangen. Es begann eine Fluchtwelle in die Bundesrepublik, die die Führung der DDR, aber auch die zurückgebliebene Bevölkerung herausforderte. Während Tausende der DDR für immer den Rücken kehrten, regte sich ständig wachsender Unmut und Widerstand. Als in den großen Städten immer mehr Menschen auf der Straße demonstrierten und die Parteiführung erste Zugeständnisse machte, regte sich auch in den ländlichen Gebieten erster offener Protest. Aus Solidarität mit den Demonstranten in Leipzig, Dresden und anderen Orten in der DDR beschlossen auch die Eichsfelder, ein Zeichen zu setzen und ihren Protest öffentlich zu machen. Sie wagten im kirchlichen Rahmen die ersten Zusammenkünfte, in denen Bürger über ihre Sorgen und Nöte berichteten und erste Forderungen an die regionalen Partei- und Kreisleitungen formuliert wurden. In den Städten des Eichsfeldes wurden politische Initiativen und Gruppierungen gegründet, die sich mit den anstehenden Problemen und Forderungen auseinandersetzten. Sie organisierten Friedensgebete mit anschließenden Demonstrationen und öffentliche Diskussionen mit Vertretern von Partei und Staat. Sie forderten die Abschaffung der Jugendweihe und des Wehrkundeunterrichts, Reisefreiheit, das Recht auf Wehrdienstverweigerung, freie Wahlen, die Beschneidung des Staatssicherheitsdienstes, die Offenlegung von Umweltschutzdaten und Aufgabe des Machtanspruchs der SED. Die Zahl der Teilnehmer an den Protestzügen wurde von Woche zu Woche größer.

Besonders stark war die Beteiligung der Eichsfelder Bevölkerung an den Demonstrationen nach der Grenzöffnung, auf denen die Vereinigung mit der Bundesrepublik und die Zusammengehörigkeit der Deutschen in Ost und West gefordert wurden. Im Januar 1990 demonstrierten rund 40.000 Menschen in Dingelstädt für die Wiedervereinigung und eine Woche später ebenso viele am Grenzübergang Duderstadt/Worbis auf der sogenannten »Kofferdemo« für Reformen und ein Ende der SED-Herrschaft.

Es war eine ganz, ganz tolle Stimmung, es war Mut aufgekommen.

Für Leinefelde, für die politische als auch die Kirchgemeinde war es auch sehr bedeutend, daß fünf Personen aus Leinefelde verhaftet wurden bzw. die Angehörigen starken Repressalien ausgesetzt waren, die einen Ausreiseantrag gestellt hatten. Für diese Personen wurden in der Kirche offiziell Messen gebetet, für ihre Freilassung, für eine Lösung der Probleme und, die Angehörigen hatten scheinbar ein sehr gutes und vertrauensvolles Verhältnis zu den Vertretern der Kirche, also zum Pfarrer und auch zu mir, zu anderen Kollegen und zu den Schwestern, so daß wir ständig informiert wurden und wir diesen Menschen menschlich, seelsorglich vielleicht auch, beistehen konnten. Dazu war ich persönlich auch immer herausgefordert. Ich wollte nicht einfach nur tatenlos zusehen. Neben dem Bekanntmachen in den Predigten, im Religionsunterricht, in Jugendstunden wollte ich möglichst viele Leute ansprechen, darauf aufmerksam machen. Wir können nicht einfach nur in der Kirche, in unseren kleinen Kreisen, in den Nischen, zu Hause schimpfen, wir müssen damit auch nach außen gehen.

So entstand gleich im September bei mir die Idee, das öffentlich zu machen, auch den Protest, der schon in Leipzig begann, diesem wenigstens moralische Unterstützung zu liefern. So habe ich bereits Anfang September ein Plakat in das alte Pfarrhaus gestellt mit den schon zitierten Aussprüchen vom »Forum«, das sich damals entwickelte. Das »Neue Forum« mit den Buchstaben »F, O, R, U, M«, zu denen ich dann jeweils einen Begriff geschrieben habe:

F wie Fragen, O wie Offenheit, ja, R wie Reformen, U wie Umwelt und M wie Meinung. Das war einfach dazu erfunden, um nicht nur das einfache Wort Forum, was ja damals Sprengstoff bedeutete, hinzuschreiben. Und unter dieses Plakat setzte ich noch die Information: »Für Interessierte werden wir Treffs bekanntgeben.« Da in der Woche vom 12. bis 19. Oktober das Triduum, die Feierlichkeiten der Pfarrgemeinde, ihren Abschluß finden sollten, konnte ich ungefähr Ende September den Termin festlegen. Treffen des Forums mit diesen Punkten am 19. Oktober. Donnerstag, 20 Uhr, war es erst angesagt, weil um 19 Uhr noch die Abendmesse in Leinefelde stattfand. Es durfte aus Gemeindesicht keine Konkurrenz sein. Das war total spannend. Ich hatte im Vorfeld lediglich im sogenannten alten Pfarrhaus, in dem Jugendraum, ein paar Stühle bereitgestellt. Die Decke trägt nicht so viel, die ist nur zugelassen für maximal 40 Personen. Mit mehr hatte ich eigentlich auch nicht gerechnet, habe mir nur vorgestellt: Was mache ich, wenn mehr kommen? Es ist ja schon ziemlich kalt, wir können uns nicht in den Hof stellen. Und vom Pfarrer hatte ich auch kein Signal empfangen, daß er das wünscht oder dafür die Räumlichkeiten zur Verfügung stellt. Ich ließ es darauf ankommen, merkte aber schon, als die Dämmerung einbrach, so um sechs, wie die Leute ganz aufgeregt und tuschelnd am alten Pfarrhaus vorbeizogen und mich auch ansprachen: »Was ist denn da heute? Was machen wir denn? Wir kommen auch!« Das habe ich von ganz vielen Leuten gehört, und so nach sechs versammelten sich schon die ersten im Hof, gingen mal wieder weg, ein paar gingen vielleicht aus Verlegenheit um sieben in die Messe.

Nach sieben, als ich die Leute hineinbat in den Saal, habe ich schon den ersten Schreck bekommen, als der Hof voller Menschen stand, bestimmt so 50 Personen. Die letzten standen noch auf der Treppe, konnten nicht eintreten, weil hingesetzt hatten sich die wenigsten, damit noch ordentlich Platz ist. Ich hatte tatsächlich Angst, daß uns die Decke runterkommt, wenn vielleicht 60, 70 erwachsene Personen in diesen kleinen Saal gehen. Ich mußte sofort handeln. Wir kamen also gar nicht zum Anfang oder zum Setzen, ich hab' gleich umgelenkt und gesagt: »Aufgrund der großen Nachfrage, die scheinbar hier herrscht, daß so viele kommen, müssen wir jetzt sofort rüberziehen in die Nachbarschaft, in die sogenannte alte Kirche von Leinefelde, neben der Musikschule.« Die Leute waren recht einsichtig, es hat jeder gemerkt, dieser Raum reicht nicht aus. Und so zogen wir, ich hatte den Schlüssel immer bei mir von der alten Kirche, von dem Pfarrheim rüber in die alte Kirche. Als ich über den Hof ging, mir den Weg gebahnt hatte, wurde mir erstmal das Ausmaß bewußt. Die Leute strömten regelrecht wie auf Abruf aus allen Winkeln und Ecken hervor. Wir zogen in die alte Kirche, und schlagartig füllte die sich. Gott sei Dank gab es ja noch die Empore. Und auch da mußte ich schon wieder zur Vorsicht gemahnen, denn dieser Boden ist auch schon alt, und da hat Pfarrer Vogt schon immer gesagt: »Um Gottes Willen, nicht mehr als 20 Mann da hoch.« Und es waren mindestens schon 50, die auf die kleine Empore gegangen waren. Die Kirche war wieder mal brechend voll, im Altarraum, überall Leute. Da war das einzige, was ich machen konnte, daß ich wieder den Massen zugerufen habe: »Keine Sorge«, ich wußte auch

Im Dialog: Christen von Leinefelde

Leinefelde (TT). Eine große Zahl von Leinefelder Christen und Bürgern fand sich am vergangenen Donnerstag um 20 Uhr zu einem Forum zusammen. Anlaß war das Gesprächsangebot der katholischen Kirchgemeinde „Maria Magdalena" zu den Stichpunkten „Fragen, Offenheit, Reformen, Umwelt, Meinungen". Aufgrund des unerwartet hohen Andranges bot die Kirche dann geeigneten Raum, da der Pfarrsaal nicht ausreichte.

Aus den Informationen zu den Äußerungen Bischofs Dr. Joachim Wanke, speziell im jüngsten Schreiben des Pastoralrates, in denen es die Gläubigen auffordert, aktiv an der Umgestaltung der Gesellschaft mitzuwirken und in den Punkten u. a. Erziehungsrecht, Meinungsfreiheit, freie Wahlen, Wehrersatzdienst, Mitspracherecht zu praktizieren, ergab sich eine rege Diskussion. Weiter standen konkrete Anliegen der Pfarrgemeinde im Mittelpunkt.

In weiteren Wortmeldungen wurde die Notwendigkeit erkannt, in Gruppen zu den im Pastoralschreiben genannten Punkten Stellung zu nehmen. Viele Bürger teilten dann persönliche Gedanken mit, die sie in diesen Tagen bewegen. Dabei siegte die Erfahrung, daß in der Überwindung der Angst die größte Möglichkeit besteht, einen offenen und konstruktiven Dialog zu führen.

Die Pfarrgemeinde unterbreitete das Angebot, künftig jeden Donnerstag (19 Uhr) gemeinsam einen Gottesdienst zu den Anliegen der Zeit zu feiern. Anschließend besteht Gelegenheit zum Gespräch.

Bericht über die erste Veranstaltung in Leinefelde im »Thüringer Tageblatt« vom 20. Oktober 1989.

noch nicht, was ich mache, »wir werden eine Lösung finden.« Da habe ich einfach spontan gesagt: »Wir werden

jetzt in die große Kirche weiterziehen.«
Die Schwester und der Kaplan rannten
los, ich habe einfach so getan, als wüßte
ich ein Programm, was wir alles noch
machen werden, um erstmal die Leute
zurückzuhalten, damit die einen kleinen Vorsprung hatten. Die sollten in die
große Kirche laufen, beim Pfarrer Vogt,
der immer selbst die Kirchenschlüssel
verwaltete, die Schlüssel holen und
uns einfach in die große Kirche lassen.
Das haben die wohl auch gemacht. Und
als die beiden ankamen, war der Pfarrer gerade dabei und wollte die Kirche
abschließen. Der Kaplan sagte: »Also,
Herr Pfarrer, das können Sie jetzt nicht
machen, ich brauche die Schlüssel, wir
müssen da rein.« Die diskutierten da
rum, der Pfarrer wollte das nicht, der
wollte abschließen, der Kaplan hat dann
wieder interveniert: »Das können Sie
nicht machen, das geht nicht, wir haben
da jetzt eine Veranstaltung.« Auf alle
Fälle haben sie so lange diskutiert, bis
schon die ersten Teilnehmer anström-
ten, das war ja regelrecht ein Rennen.
Der Pfarrer wurde quasi im wahrsten
Sinne des Wortes überrannt, der hat
sich nicht mehr wehren können. Die
Leute sind eingedrungen und haben die
Kirche gestürmt. Die Kirche faßt, wenn
jeder einen Sitzplatz hat, 500 Personen
und auf der Empore vielleicht auch
nochmal 100. Ich würde sagen, an diesem Abend waren es mindestens 800,
vielleicht auch 900, denn die Gänge
waren alle voll. Es standen die Leute
einfach dicht an dicht, so voll habe ich
die Kirche danach nie wieder erlebt wie
an diesem Donnerstagabend. Die Leute
waren einfach da, und trotzdem war
hinten die Tür noch geöffnet, so daß
immer noch Leute draußen standen, die
sich vielleicht nicht noch reindrängeln
wollten.

Ich hatte den Pfarrer schnell noch
beruhigen können, der sagte: »Was
wollen Sie hier machen? Wollen Sie
einen Gottesdienst halten oder was?«
Da habe ich gesagt: »Das weiß ich auch
noch nicht.« Und er sagte: »Das geht
nicht, das kommt nicht in Frage. Hier
in der Kirche können wir keine Politik
machen, hier ist keine Politikveranstal-
tung.« Da habe ich gesagt: »Herr Pfarrer,
wenn Sie die Leute wieder rauskriegen,
dann müssen Sie es jetzt versuchen.
Ich glaube, es werden höchstens noch
mehr.«

Ich habe dann angefangen, habe die
Leute begrüßt, habe ein paar Witze
gemacht und ihnen gesagt, daß ich
auch nicht weiß, was wir überhaupt
machen wollen, aber daß es schön ist,
daß so ein kleines Plakat so eine riesengroße Wirkung hervorruft. Habe
gesagt: »Wie oft werden riesenlange
Predigten gehalten und der Effekt ist
gleich Null. Da kommt niemand zusätz-
lich in die Kirche, aber hier ein kleines
Schild zum richtigen Zeitpunkt, Rie-
senwirkung. Das ist doch toll. Da können wir doch was machen mit diesem
Potential von gutmütigen Leuten. Aber
Ihr braucht keine Angst zu haben, ich
werde Euch jetzt keine Messe halten,
sondern wir reden über die Sorgen und
Nöte, die Euch wirklich beschäftigen.«

Und dann haben wir halt angefangen. Der Herr Senft, der hatte zum
Glück die Thesen und das Programm
des Neuen Forums ergattert. Wir haben
diese Thesen vorgelesen, und anschließend haben wir die Leute gebeten, wer
jetzt den Mut hat, wer das möchte, kann
aus seiner eigenen Erfahrung berichten, Angst loswerden, abbauen. Und es
dauerte überhaupt nicht lange, es gab
keine Pause und nichts, da trat damals
eine mutige Frau vor, berichtete von

Am 21. Januar 1990 fand eine Demonstration über den Grenzübergang Duderstadt/Worbis mit rund 40.000 Teilnehmern statt, die sogenannte »Kofferdemo«. Mit einer symbolischen Massenflucht demonstrierten die Teilnehmer gegen die SED und forderten umfangreiche Reformen.

ihren Repressalien, die sie jetzt gerade erlebt hatte von der Stasi. Dann berichteten ein paar Angehörige von den Ausreisewilligen, die im Gefängnis saßen. Es ging dann Schlag auf Schlag weiter, daß jeder vorbrachte, was ihn stört, was er kritisiert. Es wurden auch konkrete Vorschläge gemacht, wie man damit umgehen will. Ganz schnell war eine Parole gefunden: Ab jetzt lassen wir uns nicht mehr einschüchtern! Das wurde ganz wunderbar dokumentiert. Da habe ich gesagt: »Das braucht jetzt irgendein Zeichen. Und als Zeichen gucken wir jetzt einfach jeden an, der neben uns steht, und versuchen mal, wenn wir ihn nicht gerade schon kennen, daß wir dem die Hand geben, uns vorstellen und fragen, wo er herkommt oder wer er ist usw. Dafür nehmen wir uns jetzt ruhig einfach mal fünf Minuten Zeit.« Ich glaube, so einen

Tumult, so ein fröhliches Begegnen in der Kirche hatte ich auch früher noch nie erlebt. Da habe ich gesagt: »So, und jetzt haben wir uns ja sicherlich nach rechts und links bekannt gemacht, und wenn jeder einen kennt, den er schon mal gesehen hat, und weiß, das ist ein Kollege und so, dann ist das gut. Wenn man zu irgendeinem einen Argwohn hegt, dann soll man das jetzt aus dem Weg schaffen, damit wir jetzt einfach die Offenheit ausnutzen und sagen: Paß mal auf, da hinten den, den kenne ich nicht, aber ich habe den Eindruck, daß der zum Beispiel bei der Stasi ist oder daß das ein Komischer ist. Stell mir den mal vor, Du hast ihn doch begrüßt.« Und genau das funktionierte. Die Leute haben sich bekannt gemacht, und es war einfach eine Stimmung da, die total solidarisch war. Dann habe ich zum krönenden Abschluß dieses Intermezzos gesagt: »Jetzt reichen wir uns alle nach rechts und links die Hand, und wenn jetzt noch irgend jemand übrig bleibt, dann können wir annehmen, daß der nicht unbedingt hierher gehören will.« Das haben wir halt auch gemacht, und es war ein Gelächter und so. Und hinterher wurde mir berichtet, daß ein paar Reißaus genommen hätten. Ob das natürlich stimmt, das konnte ich nicht nachvollziehen. Zumindest habe ich es nicht gesehen. Es ging dann weiter mit Berichten aller möglicher Art. Wir haben spontan auch ein kleines Komitee gebildet, wir haben uns zur Verfügung gestellt, Meinungen und Fragen usw., die sich heute ergeben, weiterzuführen, Räumlichkeiten zu schaffen. Wir wußten zwar noch nicht wo, aber daß man sich an uns wenden und Gruppen bilden kann, davon wurde auch regen Gebrauch gemacht.

Es war damals überhaupt noch nicht an einen Umsturz oder so zu denken. Im Mittelpunkt standen eigentlich nur die Befreiung von Angst und persönliche Freiheit, Reisefreiheit hat man natürlich damit gekoppelt. Das waren die tragenden Themen. Dieses Solidaritätsgefühl des Abends war ganz stark: Wir lassen uns nicht mehr einschüchtern. Wir lassen uns nicht ängstigen. Und wir lassen es auch nicht mehr zu, daß einzelne von der Stasi behelligt oder gar abgeholt werden. Das haben wir dann auch noch formuliert, haben gesagt, es darf nicht sein, wie es diese Frau formuliert hat, daß jemand von der Stasi regelrecht überfallen wird und mürbe gemacht wird, und die anderen kriegen das nicht mit. Wir haben ganz konkrete Schritte geplant, daß dann sofort eine Telefonkette gebildet wird, wer angerufen wird, der informiert weiter, und innerhalb einer halben Stunde werden wir Leute organisieren, die sich versammeln, die klingeln und nicht zulassen, daß die Stasi alleine mit diesen Familien sein wird. Das war eine so begeisternde Idee und hat auch das Bewußtsein geschaffen: Jawohl, das wird funktionieren. Es kam dann nie dazu. Aber das hätte funktioniert, weil man einfach jetzt wußte: Wir gehören zusammen. Wir sind jetzt ein eingeschworenes Team. Es geht irgendwie weiter. Es war ein ganz tolles menschliches Erlebnis dieser Abend. Das zog sich hin bis um halb, fast 11 Uhr.

Dann kam aus dem Volk die Stimmung heraus, einige hatten Teelichter mit oder Kerzen: Die zogen ihre Kerzen hervor, und irgendwie zog es die Leute: Wir müssen jetzt noch was machen. Wir können doch jetzt nicht einfach sagen, auch wenn es schon spät ist, jetzt ist Schluß, jetzt gehen wir nach Hause. Wir laufen uns im wahrsten Sinne noch ein bißchen ab oder aus, und es setzte sich einfach durch, ohne Anführer oder so, daß wir zum Rathaus gingen in der Bahnhofstraße. Die Stasi und Polizei waren scheinbar doch gut vorbereitet, die sperrten schlagartig die Kreuzung ab. Es wäre zwar nicht mehr nötig gewesen, aber es standen auf der Kreuzung auch »Hilfssheriffs«. Wir zogen zum Rathaus und haben gar nichts gemacht. Wir haben keine Sprüche mehr geklopft, gar nichts, es war auch kein Schweigemarsch, aber ein besinnlicher, ruhiger Marsch mit Kerzen zum Rathaus. Einige stellten die Kerzen auf die Eingangstreppe und auf das Fenster, das in Reichweite war. Dann löste sich das auf, und man ging nach Hause. Es ist weder von der Polizei zu irgendwelchen Übergriffen gekommen oder zu Anschuldigungen, außer kleinen verbalen. Es war eine ganz, ganz tolle Stimmung. Es war Mut aufgekommen. Menschen, die wieder den Kopf gerade gerichtet hatten und nicht mehr nach unten geguckt haben, die Mut gefaßt hatten. Und alle wußten spontan: Das geht weiter. Und es war irgendwie abgemacht, wir treffen uns spätestens nächsten Donnerstag um dieselbe Zeit wieder. Und so war es dann an den nächsten Donnerstagen bis hin zu einem Donnerstag, der der 9. November war.

Für mich persönlich hatte es die Auswirkung, daß ich an diesem Freitag zunächst erst einmal vom Stasileutnant aus Breitenworbis aufgesucht wurde, der mich befragen wollte, was ich mir dabei gedacht hätte usw., und was denn das soll, ob das weitergeht. Habe ich gesagt: »Das haben Sie doch genauso mitgekriegt wie ich, oder Ihre Zuträger haben es Ihnen doch hoffentlich richtig berichtet. Dann wissen Sie, daß ich weder gesagt habe, daß es weitergeht noch daß ich da Leiter bin.« »Ja, wir wollen ja ein friedliches Miteinander organisieren.« Da habe ich gefragt: »Was heißt wir?« »Ja, die Organe der Staatssicherheit mit den Vertretern der Kirche und so.« Da habe ich gesagt: »Also, wissen Sie, das regeln Sie lieber mit meinem Chef. Ich wüßte nicht, daß ich zum Kooperationspartner der Stasi berufen bin.« »Aber Sie sind doch auch für Frieden und für ...«, eben diese Sprüche. Da habe ich gesagt: »Also, wissen Sie, darauf lasse ich mich gar nicht ein.« Es wurde von der Stasi in den nächsten Tagen in der Zeitung verbreitet, »katholischer Würdenträger«, wie sie es ja immer genannt haben, gemeint war ich, »ist bereit, mit den staatlichen Stellen zusammenzuarbeiten«, was natürlich auch für Überraschungen sorgte und für Argwohn.

Aber eigentlich wußten die Leute, daß das nicht meine Worte sind und daß das einfach eine Finte von der Stasi war. Das hat sich dann auch gelegt.

Wir haben uns auf alle Fälle den nächsten Donnerstag wieder getroffen und hatten vorsorglich auch Lautsprecher nach außen installiert, damit das übertragen werden konnte. Es war wieder ein riesiger Ansturm, und es wurde auch schon bekannt gegeben, daß wir auf den Zentralen Platz von Leinefelde marschieren werden. Die Gruppen, die sich während der Woche getroffen hatten, wurden bekannt gegeben. Herr Senft und seine Gruppe, die sich vor allem zum Neuen Forum stark hingezogen fühlten, hatten sich schon formiert, haben Umweltschutzgruppen gebildet, Rechtsgruppen, die sich über Recht, Rechtsstaatlichkeit, informierten, über Möglichkeiten, wie Reisewilligen und Ausreisewilligen zu helfen ist. Es wurden also verschiedene Kreise gebildet, und auch von uns, den Vertretern der Kirche, wurden Gruppen angeboten. Wir hatten ein kleines Seminar, in Anführungsstrichen, über Rechtsstaatlichkeit ins Leben gerufen, wo man sich über die Rechte der Bürger, die UNO-Charta der Menschenrechte usw. informieren konnte. Man kann sich natürlich fragen, warum erst da, aber die Zeit war erst hier reif. Auch das Interesse ist bei den Leuten so sprungartig gestiegen. Ich kann mich entsinnen, daß ein Teil von den Kindergärtnerinnen aus den staatlichen Kindergärten sich versammelten und diskutiert haben über Erziehungsfragen und Freiheit und Erziehung, sozialistische Erziehung: Was können wir dagegen tun oder dafür? Lehrer taten sich zusammen, die in ihrer Berufssparte analysiert haben. Das alles hatte Platz,

Die Waffenkammer der ehemaligen Kreisdienststelle Worbis des MfS.

MfS-Dienststelle in Auflösung

Klaus-Dieter Wispel: Telefongespräche wurden abgehört und Briefe geöffnet

Wie gestern schon kurz gemeldet, wurden am Donnerstag Waffen und Akten der ehemaligen Kreisdienststelle Worbis des Ministeriums für Staatssicherheit nach Erfurt ausgelagert. Der Grund, so Klaus-Dieter Wispel, Leiter der ehemaligen Kreisdienststelle: Mit Wirkung vom 20. Dezember wird die Kreisdienststelle aufgelöst und an die Deutsche Zollverwaltung übergeben.

Bei dem der Auslagerung vorangegangenen Gespräch mit Staatsanwalt Rudolph, Kaplan Wagenfür und vier Kollegen der ZBO Worbis nahm Klaus-Dieter Wispel zu einigen Fragen, die beim Bürgerdialog im Kreiskulturhaus offen geblieben bzw. unbefriedigend beantwortet wurden, noch einmal Stellung: 1. Ein Teil der Akten wurde durch Angehörige der Kreisdienststelle vernichtet. Dabei handelt es sich unter anderem um Durchschriften von Reiseanträgen, Material über Auslandskader und über Werktätige, die zeitweise in der Bundesrepublik arbeiteten.

Handschriftliche Notizen der Mitarbeiter wurden verbrannt. Weiterhin erfolgte zu einem früheren Zeitpunkt die Auslagerung von Akten nach Erfurt. Darunter befindet sich sogenanntes „aktuelles Material", aber auch Unterlagen über die Kräfte, die die ehemalige Kreisdienststelle inoffiziell unterstützt haben. Diese Akten sind nicht vernichtet und lagern im Bezirksamt Erfurt. Im Haus befinden sich noch Hängeordner mit „aktuellem Material".

Handkarteien mit Hinweisen von Bürgern sowie Kaderakten. Diese Schriftstücke sind von den Bürgern am vergangenen Dienstag sichergestellt worden. 2. Auf nochmalige Anfrage nach Telefonabhör- und Brieföffnungsaktionen dementierte Klaus-Dieter Wispel seine Äußerungen gegenüber der Presse und der Bevölkerung. Er habe sich damals an Weisungen von übergeordneten Organen gehalten. Klaus-Dieter Wispel: „Es wurden – auch in den letzten neun Monaten – Telefone abgehört und Briefe geöffnet. Jedoch nicht in dem Umfang, wie von der Bevölkerung angenommen."

Nach diesem Gespräch – bei dem sich Klaus-Dieter Wispel auch für sein Auftreten beim Bürgerdialog im Kreiskulturhaus entschuldigte – begann die Auslagerung der Waffen, ebenfalls verladen wurden die Akten, die am vergangenen Dienstag durch Bürger sichergestellt wurden und der Inhalt der Panzerschränke, nachdem man die Siegel, die am Dienstag an Türen und Panzerschränke anbrachte, überprüft hatte. Die Waffen werden an die Deutsche Volkspolizei übergeben, das gesamte schriftliche Material geht an das Bezirksamt Erfurt, um dort gesammelt und den entsprechenden Untersuchungsorganen zugeführt zu werden.

Für DAS VOLK dabei waren:
Harri Wattrodt (Fotos)
und Robert Schmidt

Der Reißwolf (links), mit dem ein Großteil der Akten vernichtet wurde. Bürger fanden deren Reste in 86 Papiersäcken im Keller (rechts).

Nach der »Wende« stürmten vielerorts Bürger die Dienststellen des Ministeriums für Staatssicherheit (MfS) und sicherten die vorhandenen Akten und Unterlagen vor ihrer Vernichtung, die schon durch die Mitarbeiter des MfS begonnen hatte.
(9. Dezember 1989, »Das Volk«)

Gott sei Dank, auch im Rahmen der Kirche, im Raum der Kirche. Die Räume des Pfarrheimes, die waren eigentlich in den Wochen fast jeden Abend ausgebucht neben den schon existierenden Kreisen, wie Kirchenchor, Meßdienern und Jugendgruppen. Es war sehr politisiert und eine unwahrscheinliche Bereitschaft zum Diskutieren aufgekommen. Diese Gruppen haben sich mit einer ziemlichen Konsequenz jede Woche getroffen, bis zum Mauerfall. Da war die Luft schon ein bißchen wieder raus. In der Zeit war also wirklich ein Ansturm auf Wissen, auf Demokratieseminar und Rechtstaatlichkeit und so. Das war ganz toll.

Die DDR stand zu der Zeit noch gar nicht zur Disposition, so nach dem Motto: Wenn es die jetzt nicht packt, dann müssen wir eine neue schaffen oder so. Es stand nur im Mittelpunkt, ich habe das so empfunden: Wir sind mündige Bürger, so ein Bewußtsein ist erwacht, und wenn wir zusammenhalten, brauchen wir uns überhaupt nicht mehr einschüchtern zu lassen. Die Stasi war wie weggepustet, oder von ihrer Auswirkung wurde keiner mehr behelligt. Die Angst war weg. Es war ein wunderbares Arbeiten. Die DDR als solche stand nicht zur Disposition, die alten Leute und so, das war einem einfach alles so lächerlich, und die Stasi muß man einfach nur von hinten her aufrollen, so ungefähr, und dann müssen die sich ja ändern. Sie hatten ihre Macht verloren. Sicher kam das Bewußtsein auch dazu, daß Rußland nicht mehr gewillt war, in Polen einzuschreiten. Und dieses Bewußtsein, das war sicher auch im Hintergrund, daß man wußte, die werden sich's jetzt nicht trauen, hier noch so eine chinesische Lösung herbeizuzaubern, wie das ja der Krenz angedeutet hatte. Aber irgendwie hat man die Angst überwunden gehabt. Ich glaube, es hat niemand daran geglaubt, daß es gewaltsam zu einer Auflösung gekommen wäre.

Es waren immer Donnerstage. Im Prinzip wurde ein politischer Gottesdienst abgehalten mit Predigt, auf die die Leute sicherlich mehr gelauert hatten als auf den Gottesdienst selbst. Und dann war geplant, auf den Zentralen Platz zu gehen, zunächst erst einmal unvorbereitet, dann am 19. Oktober, am 26. Oktober, am 2. November, da war Allerheiligen, da war bereits ein Treffen geplant mit staatlichen Vertretern, wie sich das nannte, und die hatten das vorbereitet, nach dem Gottesdienst.

Das war eine Absprache, die haben sich vom Rat der Stadt damals wohl auch interessiert gezeigt. Die waren ja auch schon herausgefordert, Stellung zu beziehen. Die hatten für den 2. November bereits etwas organisiert auf dem Zentralen Platz, Lautsprecheranlagen und eine kleine Tribüne aufgebaut, und wollten dann wissen, was jetzt geplant war. Wir konnten es ihnen nicht sagen. Wir haben nur gesagt: »Wenn Ihr bereit seid, nicht zu feige seid, Euch da zu stellen. Es ist schön, wenn Ihr dabei seid und auch die Technik zur Verfügung stellt. Die Leute sind ja alles Eure Bürger hier vom Ort, die wollen das ganz einfach, die wollen eine Aussprache mit Euch haben. Und die wollen hinterfragen, was hier los ist.« Einige zumindest haben sich auch gestellt. Es gab natürlich auch viele, die feige waren. Jedenfalls mußten sie da Rede und Antwort stehen, da haben sie sich natürlich auch gerechtfertigt. Auf alle Fälle hatten die staatlichen Vertreter eigentlich keine große Entscheidungsfreiheit mehr. Sie konnten das

nicht einfach diktatorisch verbieten oder sich erlauben, nicht hinzugehen. Das haben sie scheinbar als solches so aufgefaßt. Das waren dann die Veranstaltungen, in denen natürlich auch Rede und Gegenrede gehalten wurden und Programme entworfen worden sind. Aus den einzelnen Arbeitskreisen wurde mitgeteilt, Forderungen aufgestellt, ganz konkrete kommunalpolitische Forderungen, Fälle aufgerollt, was in der »Spinne« (VEB Baumwollspinnerei »Ernst Thälmann«, Leinefelde) passiert ist, personell usw., welche Entscheidungen da anstanden. Das wurde alles öffentlich ausgewertet, ausgeschlachtet, klar, teilweise sehr emotional und vielleicht überzogen, aber das hat damals keiner als schlimm empfunden oder als unpassend. Das hatte einfach so seine Zeit.

Gespannt war die Situation insofern, als daß die Leute ohne weiteres die Temperaturen in Kauf genommen haben und man ohne weiteres gut zwei Stunden auf dem Zentralen Platz gestanden hat. Die Stimmung war vielleicht schon angeheizt, durch die Temperaturen vielleicht wieder ein bißchen abgekühlt. Aber wichtig war schon, daß die Leute gemerkt haben: Es geht ein Stück weiter. Es ist nicht nur ein Schlagabtausch, und jetzt machen wir es noch fünfmal, und dann hat's sich wieder erledigt. Die Spannung steckte dahinter, es wird kein Zurück mehr geben.

Daß sich generell in punkto Reisefreiheit was tut, damit hätte man vielleicht gerechnet, oder daß politische Freiheit ganz groß geschrieben wird, daß die Stasi vielleicht ein bißchen eingeschränkt wird oder so, daß die Betriebe demokratischer werden und wirtschaftlich sich vielleicht was ändern muß, damit hätte man gerechnet! Irgendwie war es klar, ein richtiges Zurück wie ein Jahr vorher oder so, das wird es nicht mehr geben. Wir wissen nicht, was kommt, aber es geht weiter, es rollt langsam weiter. Das war die Stimmung.

Man muß auch dazu sagen, daß Leinefelde immerhin eine große Signalwirkung hatte. Nach Leinefelde fing dann auch Heiligenstadt an, dann Dingelstädt und später Worbis. Aber die Signalwirkung, die war logischerweise auch im Kreistag und den entsprechenden Gremien sofort ausgewertet worden, daß man sicherlich wußte, wenn wir jetzt in Leinefelde den Anschluß verpassen, egal in welcher Hinsicht, dann gibt es ein Fiasko.

Es bedurfte nicht irgendeiner großartigen Erklärung. Jeder Dorfpfarrer oder jeder Pfarrer in jeder Stadt und Gemeinde tat eigentlich nur, was wirklich jetzt des Volkes Stimme und Wunsch war: Sie öffneten ihre Möglichkeiten, ihre Tore, stellten Räume zur Verfügung und waren mit im Volk, unter dem Volk, und dabei als Organisatoren bzw. als Befürworter bis hin zum einfachen Mitmachen oder Mitdemonstrieren, Mitgehen. Das ging so schlagartig und so schnell, das bedurfte nicht extra einer Obrigkeit, die das ausdrücklich für wünschenswert hielt oder für nicht wünschenswert. Dazu gab es im Prinzip keine Kommentare, das hat jeder nach seinem Gutdünken gemacht, und alle haben es eigentlich mitgemacht. Es gab eigentlich keinen, der richtig dagegen gearbeitet hätte, es waren eigentlich alles Befürworter.

Ab 19. Oktober bis hin zum Umschwung am 9. November ging alles dermaßen schnell, daß gar nicht erst gewartet werden konnte auf große Erklärungen von kirchlicher Seite und vom Staat. Im Vorfeld, das stimmt natürlich, da hätte die Kirche viel mehr machen können. Und das bleibt auch dabei, da hat sie einfach geschwiegen. Die Priester oder die ganze Kirchenwelt, die waren ja genauso erfaßt. Die waren ja auch nur ein Teil des Volkes, das jetzt auf einmal keine Angst mehr hatte. Und vielleicht auch mancher Pfarrer, der jetzt auch keine Angst hatte vor Erfurt oder vor Berlin, vor Vorgesetzten, hat einfach gesagt: Das machen doch unsere Leute. Das ist doch das Volk.

Es war selbstverständlich, daß die evangelischen Christen mitmachen, wie wir überhaupt in dieser Zeit keineswegs von irgendwelchen Konfessionsauflagen, Grenzen oder Beschränkungen sprechen können. Es war auch keine christliche Veranstaltung, wenn der kirchliche Raum zur Verfügung gestellt wurde. Ob derjenige katholisch oder evangelisch oder nicht konfessionell gebunden war, das spielte überhaupt keine Rolle. Die evangelische Kirche hat ihrerseits auch Initiativen mit gefördert und unterstützt, zum Beispiel die Jugend mit eingeladen, geht da mal hin und so. Das ging Hand in Hand, daß man überhaupt nicht auf die Idee gekommen wäre, noch zu unterscheiden, was nun christliche Veranstaltungen sind, evangelisch oder katholisch. Das ging ineinander auf, so wie in den Nichteichsfeldgemeinden, also in den vorwiegend protestantisch geprägten Gemeinden, daß es umgekehrt auch der Fall war, daß die Katholiken ganz automatisch, ganz selbstverständlich, in den Räumen der evangelischen Kirche und deren Aktivitäten teilgenommen haben.

Als vielleicht nach zwei, drei Wochen (nach der Grenzöffnung) die Wogen schon ein ganz klein wenig geglättet waren, war das Interesse, jetzt wirklich aktiv am politischen und gesellschaftlichen Leben teilzunehmen, sehr dezimiert. Es gab natürlich noch die Aufbruchsstimmung bei den Initiatoren des Neuen Forums und der Bürgerinitiativen, die speziell im Raum der Pfarrgemeinde der Kirchen ihre Gruppen gegründet hatten, Umweltschutzverbände und auf kommunaler Ebene einige Interessengemeinschaften, wie Gesundheitswesen und Verständigung. Das hatte an Bedeutung unwahrscheinlich nachgelassen, das muß man sagen, so daß auch gerade bei den Initiatoren eine gewisse Resignation aufkam. War es das jetzt gewesen? Ist mit dem einfachen Gang nach dem Westen, dem Empfangen der Begrüßungsgelder usw., ist damit jetzt schon der ganze Schwung wirklich raus? Und es hat sich im Nachhinein bestätigt. Einen richtigen starken Auftrieb hat es dann nicht mehr gegeben. Es standen dann die Wahlen an, auch die Vorbereitung darauf, die Neuordnung der Kreise, der ehemaligen Bezirke usw. Das waren ja kommunalpolitisch sehr wichtige Themen, aber sie fanden in der breiten Öffentlichkeit dann nur noch sehr wenig Beachtung.

Das Hauptaugenmerk wandte sich schon dem Thema Stasi zu, die Stasivergangenheit aufarbeiten, die Spitzeltätigkeit und das Suchen nach Unterlagen, nach Akten, nach Berichten aus der Stasistelle in Worbis. Da ging sehr viel Energie drauf. Weniger Energie wurde darauf verwandt, das Alltägliche zu betrachten und in Angriff zu nehmen. Und gerade auf kommunalpolitischen Ebenen machte sich teilweise sehr schnell wieder Resignation breit, das man sagte: Es sind ja doch wieder die alten Köpfe, die da drankommen, bzw. auch die Nachfolger versuchten, teil-

weise nur durch diese typische Wendehalspolitik, sich ins rechte Licht zu setzen. Es gab schon recht heftige Auseinandersetzungen mit den ersten Politikern. Besonders versuchte man ja auch, sehr vielen Leuten auf unschöne Art und Weise ihren Erfolg, so möchte ich mal sagen, abspenstig zu machen, indem man teilweise regelrecht Schlammschlachten aufführte. Aber das Thema Stasi, das bildete eigentlich den einzigen Zündstoff, und auch die größten Untersuchungen wurden in der Hinsicht angestellt. Es gab viele, die sich fast als Privataufklärer betätigten. Ob das dann alles so seriös lief, das mag noch dahingestellt sein. Aber auf politischer Ebene war der Schwung ziemlich raus. Da tat sich nicht mehr so viel.
Heribert Wetter,
Langenhagen, Jahrgang 1955

Das soll sich nicht gegen Menschen richten, sondern gegen das System.

Ich hatte an der Veranstaltung teilgenommen, an der, meiner Ansicht nach, das erste Mal Leute auch außerhalb der Kirchenmauern waren. Die standen da bis zu den Treppen hin. Pfarrer Vogt rief zu einem neuen Denken auf, und er erwähnte auch, daß immer noch Leinefelder in Gefängnissen sitzen müssen wegen versuchter Republikflucht. Einer, der aus dem Gefängnis entlassen wurde, hat sich an ihn gewandt, um mit dafür zu sorgen, daß die anderen auch entlassen werden. Danach formierte sich ein Zug mit Kerzen – etwas zögerlich. Mich wollte dazu ein Lehrling mitnehmen. Da sagte ich zu ihm: »Du, ich bin Lehrer, das fällt ein bißchen zu sehr auf.« Ich bin einen anderen Weg gegangen und habe die Leute gesehen, die vor der Stadtverwaltung Kerzen abstellten. Mir wurde später von jemandem gesagt, daß in der Stadtverwaltung der Herr Kawohl und Schulrat Schrepper das von innen beobachtet haben. Mit einigen Bekannten ging ich am Haus des Bürgermeisters Kawohl vorbei. Wie sie die Kerzen dort hinstellen wollten, sagte ich ihnen: »Kommt, laßt doch den in Ruhe, der ist auch nicht der Alleinschuldige, das beunruhigt den. Es soll sich nicht gegen Menschen richten, sondern gegen das System.« Wir sind dann mit den Kerzen frohgemut nach Hause gezogen. Eine Woche später war eine Veranstaltung in der evangelischen Kirche. Da waren ungefähr 20 Menschen, und der Laienprediger Schulze hielt eine Rede. Er rief dazu auf, daß alle, die einen Wunsch haben oder eine Bitte, eine Kerze vor dem Altar anzünden. Ein Mädchen tat das zuerst mit einer Bitte. An dem Tag klagte mir so ein Altgenosse, mit dem ich persönlich gut verbunden war, sein Leid: »Karl-Heinz, was soll ich denn machen? Mir ist das ganze Leben zusammengestürzt.« Da habe ich spontan auch eine Kerze angezündet und gesagt: »Wir wollen auch an die denken, für die heute eine Welt zusammenbricht und sollten mit ihnen mindestens sprechen.« Das war mein erster öffentlicher Auftritt, das mache ich sonst gar nicht so gerne, aber irgendwie kam das ganz automatisch. Danach schlossen wir uns der Demonstration von der katholischen Kirche an. Am nächsten Tag haben mich die Lehrlinge gefragt: »Waren Sie auch bei der Demo?« Etwas ängstlich habe ich geantwortet: »Ich war dort.« Am 9. November ging ich vom Kegelabend aus der Gaststätte in der Bahnhofstraße und

schloß mich dem Zug an. Ich war gleich auf dem Zentralen Platz, und man hörte die Massen von der Kirche ankommen mit ihren Sprechchören. Das war schon recht bewegend. Zufällig ging ein Lehrling neben mir. Ich fand es gut, daß nicht nur Unbekannte neben mir waren. Eine Situation, deren Datum ich nicht mehr weiß, war, wie in der Bücherei am Zentralen Platz ein Fensterschlitz offen war und so eine kleine Scheibe raushing. Da nahmen die Menschen an, daß die Stasi das alles damit belauscht. Jedenfalls gingen die Leute wutentbrannt an die Tür und riefen: »Stasi raus!« Oben sah man Lichter und Menschen hin und her huschen. Dann gingen die Lichter aus. Wie ich zu der Tür ging, wackelte sie schon und die ganze Glasfassade. Da bin ich zu Peter Senft (Neues Forum) und dem Schmidt von der SED-Kreisleitung gegangen, der hatte eine gute Rede gehalten. Sie sollten die Leute mal beruhigen, sonst kommt die Sache in Verruf. Die Leute wurden dann auch beruhigt, und die Scheibe wurde wieder reingenommen.

In den nächsten Wochen wurde es schon ziemlich kalt bei den Demos. Es nahmen dann ja auch nicht mehr so viele Besucher teil. Zu der Demo in der Stadthalle sind dann schon meine Kollegen und Kegelbrüder mitgekommen. Es ging gegen die neue Kreisschulrätin und gegen die Schuldirektoren. Eine Berufsschullehrerin mahnte, man soll doch auch prüfen, was es für Menschen gewesen sind. Dafür erntete sie Pfiffe. Das war meine letzte Demo. Ich dachte, wenn Parteien zugelassen werden, braucht man keine Demonstrationen, und wartete, daß neue Parteien die SED ablösen werden.
Karl-Heinz Menzel,
Leinefelde, Jahrgang 1940

Wenn wir das jetzt nicht packen, wird es nie etwas.

Es begann damit, daß wir Unterschriften sammelten für die Zulassung des Neuen Forums in Leipzig. Wir haben versucht, Verbindungen nach Leipzig zu bekommen, aber das ist fehlgeschlagen. Wir haben dann heimlich die Unterschriftenlisten kopiert. Im engeren Kreis, speziell in der Schönstatt-Gruppe, Familienliga Heiligenstadt, wurde darüber gesprochen. Ich fand sofort Zustimmung, auch aufgrund der Ablichtung eines Briefes von Bischof Johannes Braun in Magdeburg, der auch die Zustände in der damaligen DDR ansprach. Da war ja schon die Fluchtwelle im Gange. Viele junge Menschen haben über Ungarn die DDR verlassen, und das brachte nun viele Leute auf den Plan, einfach dagegen zu steuern. Das tat auch die Kirche. Man stellte fest, daß gerade im sozialen und caritativen Bereich die Arbeitsstellen frei wurden, weil viele Leute in den Westen gegangen sind, und daß man auf alle Fälle die Situation in der DDR verändern müßte, damit hier nicht etwas Schlimmes passiert, völliger wirtschaftlicher Zusammenbruch, daß dann das System zuschlagen und Oppositionelle vielleicht auf die Seite schaffen würde, und daß hier ein ganz hartes Regime durchgezogen würde, vielleicht die Grenzen überhaupt dicht gemacht würden.

Wir hatten außer der Unterschriftenliste zunächst nichts. Aber allein die Tatsache, daß es in der DDR Menschen gab, die dem System Paroli bieten wollten, die einfach sagten: So geht es nicht weiter, die offen auch außerhalb des Kirchenraumes auftraten, das war für uns der Punkt, wo wir uns gesagt

Aus Anlaß der visafreien Einreisemöglichkeiten auch für Bürger der Bundesrepublik ab dem 23. Dezember 1989 veranstaltete die Stadt Heiligenstadt gemeinsam mit der Demokratischen Bürgerinitiative Heiligenstadt ein Begegnungsfest.

haben: Das müssen wir unterstützen, hier muß sich was verändern, ohne zunächst darüber nachzudenken: Wie soll das Ganze weitergehen? Was soll sich verändern? Wo können wir ansetzen? Wie machen wir das? Gerade im Kreise der Schönstatt-Familie haben wir über diese Dinge seit Jahren sehr offen diskutiert, weil wir wußten, daß unter uns niemand ist, der etwas nach außen trägt. So lag es sehr nahe, daß ich mit dem Gedanken, Unterschriften für das Neue Forum zu sammeln, in dieser Gruppe zuerst tätig geworden bin und dort begeisterte Zustimmung gefunden habe. Wir haben dann auch gleich einen Antwortbrief an Bischof Braun verfaßt und ihn Anfang September per Kurier nach Magdeburg geschickt. In diesem Brief haben wir uns bedankt für seine Worte und haben auch ein paar Forderungen ergänzt, wie Offenlegung des Umweltschutzes, Zulassung alternativer Gruppen, wie Neues Forum, freie Wahlen, Respektierung des Mehrheitswillen des Volkes und vor allen Dingen auch, daß wir gesagt haben, es müsse ein Signal von der Kirche kommen. Es ist nun mal so, daß auch die Leute, die sich vielleicht jeden Sonntag in der Kirche sehen, in einer solchen Zeit irgendwo mutlos und verzagt sind und sich nicht trauen, etwas zu sagen, geschweige denn etwas zu tun. Und daß das abgeändert werden könnte, wenn die Bischöfe darüber allgemein in der DDR etwas sagen und so dem Volke Gottes etwas Mut machen sollten. Wir haben auch vorgeschlagen, daß ein allgemeines Hirtenwort erarbeitet werden sollte. Vielleicht 14 Tage später kam ein Hirtenwort von Bischof Wanke, der für das Bistum Erfurt zuständig ist, und ich denke, das haben alle Bischöfe so gemacht. Vielleicht war der Bischof Braun der Erste. Von uns wurde das schon als wirklich sehr große Botschaft gesehen. Überhaupt waren ja die Menschen damals sehr sensibel und empfänglich für solche Dinge, die geschrieben wurden. Man hat mitunter zwischen den Zeilen gelesen. Jedenfalls kam Anfang Oktober auch ein Aufruf vom Neuen Forum, der ist dann unter der Hand verteilt worden, immer wieder eine Ablichtung von einer anderen gemacht und verteilt. Dann sind wir mit der Unterschriftensammlung aktiv geworden, das mußte alles noch sehr geheim gehen, das war in der ersten Oktoberhälfte '89. Wir

haben weit über 3.000 Unterschriften gesammelt. Einige Mutige von uns sind auch von Tür zu Tür gegangen.

Ich erinnere mich noch, daß am 7. Oktober, wir wollten uns an dem Abend besprechen, der Familienkreis von Schönstadt, da kam Herr S. aus Heiligenstadt und sagte: »Was ich jetzt auf dem Weg hierher erlebt habe! Ich bin hinter dem Schwimmbad mal bei der SED-Kreisleitung durchgegangen, und dort habe ich gesehen, da stehen Wasserwerfer, und auch die Kampfgruppen laufen da rum und viele Leute. Wir wollten gucken, mein Sohn war bei mir, und da sind wir aufgefordert worden, hier nicht stehenzubleiben, sondern weiterzugehen.« Man hat gespürt, wie groß die Angst war und wie gut vorbereitet die Machtinstrumente im Lande auf eventuelle Eskalationen oder das Auftreten von irgendwelchen Einzelpersonen oder Bürgergruppen waren. Man hätte dem sicher schnell Einhalt geboten.

Am 15. Oktober war die Ewige Anbetung in St. Ägidien in der Neustädter Kirche in Heiligenstadt. Dort kam es zu einem Friedensgebet, das etwas anders verlief als das, was wir seit 1988 in St. Gerhard montaglich veranstalteten. Die Kirche war brechend voll. Dort sind bereits Briefe verlesen worden, ich glaube unter anderem auch ein Aufruf vom Neuen Forum und ein Brief von einem Zugeführten, der in Leipzig verhaftet worden war, und dann eben auch Gebete und Lieder, wo man sich fragt: Wo stammen denn diese Texte her? Man konnte das Gesangbuch aufschlagen und hat genau den Text dort gefunden, der gesprochen wurde. Es gab viele Dinge, die wir seit Jahr und Tag in unseren Gesangbuch gelesen, gebetet und gesungen haben, und wo wir die Gedanken, die uns jetzt gekommen sind, nie gehabt haben. Das war eine überwältigende Erfahrung für mich persönlich, weil wir so konzentriert waren auf die Dinge und auch voller Erwartung: Was wird jetzt passieren? Was kommt in Gang. Und wie machen wir das? Wir haben uns bereits in der Woche nach dem 7. Oktober organisiert, haben gesagt: Wir machen etwas in Heiligenstadt. Wir können nicht zuschauen, daß in Dresden und Leipzig die Dinge laufen, und wir gucken zu. Wir waren der Ansicht, daß das System nur zu knacken ist, wenn diese Dinge landesweit gehen. Das war leichter gesagt als getan. Es hat auch Überzeugungskünste und Wagnisse bedurft, um zuverlässige und mutige Mitstreiter zu finden. Bei all diesen Dingen, angefangen vom heimlichen Kopieren der Unterschriftslisten bis zu den konspirativen Treffen, die wir durchgeführt haben, hat uns immer eine große Unsicherheit, eine große Angst begleitet. Trotzdem haben wir es gemacht, weil wir gesagt haben: Auf was, auf wen wollen wir denn warten? Und wie lange wollen wir da noch zugucken? Wenn wir das jetzt nicht packen, wird es nie etwas.

Wir haben dann am 16. Oktober, einen Tag nach diesem Friedensgebet in St. Ägidien, den Termin gesetzt für eine Zusammenkunft in Heiligenstadt und zwar in St. Gerhard, dort wo wir den Pfarrgemeinderaum organisiert hatten. Ich hatte mir an dem Sonntag Gedanken gemacht und mir ein kleines Statement ausgearbeitet, was ich dort sagen wollte. Wie das Ganze ausgehen würde, darüber konnte ich mir einfach keine Gedanken machen, weil ich A nicht wußte, was wollen wir konkret machen. Da habe ich vielleicht auch Angst vor der eigenen Courage

gehabt und vor den Konsequenzen, die zu erwarten waren. In Richtung Demonstration mußte es gehen, das war schon klar, aber die Angst hat jegliche weiteren detaillierten Gedanken oder Maßnahmen im Anfang ganz schön unterdrückt. Und ein zweiter Punkt war der, daß wir auch gar nicht wußten: Wer kommt denn da alles zusammen? Wie viele werden es sein? Wird überhaupt jemand kommen? So kam am 16. Oktober 1989, um 20 Uhr, das Treffen zusammen. Der Pfarrgemeinderaum war einigermaßen gefüllt. Ich hatte auch Leuten aus meinem Heimatort Lutter Bescheid gesagt, die waren auch da. Manche der Anwesenden kannte ich nur vom Sehen, aber nicht mal mit Namen. Ich hatte mir vorgestellt, der Pfarrer würde ein paar einleitende Worte sagen und vielleicht daß man vom Bischof irgendwas wußte oder einen Brief hatte. Aber an dem Abend war nichts da. Zum Glück hatte ich das Statement und habe auch eine Anwesenheitsliste rumgehen lassen, wo sich jeder eingetragen und unterschrieben hat. Das ist immer wieder ein brisantes Dokument für mich. Ich weiß genau, wer damals dabeigewesen ist und wer nicht. Mancher behauptet, er hätte die Demokratische Initiative schon mitbegründet, aber auf der Liste stehen diese Leute nicht. Es zeigt aber auch zum anderen, wenn jemand unterschreibt, daß er zu der Sache steht. Und das war mir persönlich an dem Abend besonders wichtig.

Wir hatten diesen Aufruf vom Neuen Forum und haben dann auch Kopien der Unterschriftslisten verteilt, damit weitere Unterschriften gesammelt werden können. Wir hatten den Brief von Bischof Braun. Von Bischof Wanke war inzwischen ein Brief da, wir hatten die Stellungnahme von der Schönstadt-Familie, die wir an Bischof Braun geschickt hatten. Und wir hatten auch noch ein anderes Schreiben – »Die maßlose Gesellschaft« war das überschrieben. Wer der Initiator war, weiß ich jetzt im Moment nicht. Diese Dinge hatten wir und haben sie vorgelesen. Martin Gaßmann, Herr Stützer und ich haben in der Runde gemeinsam überlegt, was zu tun ist. Natürlich haben wir sofort an das bestehende Friedensgebet angeknüpft. Zustatten kam uns auch, daß in Heiligenstadt zu dem Zeitpunkt die Volksmission war und wir uns gesagt haben, es müsse mit den Patres einmal gesprochen werden, damit die Predigten etwas auf unsere Zeit ausgerichtet werden. Es sollten ein paar ganz deutliche Worte von der Kanzel gesprochen und so die Leute ermutigt werden. Es lag uns einfach am Herzen, daß etwas getan werden mußte, um die Leute aufzuwecken, um ihnen Mut zu machen und dann mit ihnen auf die Straße zu gehen. Das war ja unser Ziel.

Eines hatten wir an dem Abend schon gesagt, daß wir diese Friedensgebete montags veranstalten und wir auf alle Fälle die Werbung für die Friedensgebete so weit betreiben, daß Gläubige auch von den umliegenden Dörfern kommen. Am 23. Oktober '89 war die »Halbzeit« der Mission. Die Patres waren eigentlich sehr offen und haben auch gute Predigten gehalten. Am 23. sollte in einer festlichen Andacht ein großes Fürbittgebet gehalten werden. Es sollten dort Fürbitten vorgetragen werden in der Sorge um die Zukunft unseres Landes. Und das hatten wir einige Dörfer wissen lassen. Die Kirche war an diesem Abend brechend voll, überfüllt. Wir hatten große Kerzen an der Osterkerze entzündet und die nach vorn zum Altar getragen. Dazu wurden die Fürbitten formuliert. Dann wurde ein Gebet gesprochen. Als ich die Fürbitte für die Zukunft unseres Landes vortrug, da ist in der Kirche Beifall aufgekommen. Da war plötzlich eine Atmosphäre voller Spannung.

Wir wollten an diesem Abend bereits etwas tun. Zwar nicht etwas, was man als Demonstration bezeichnen könnte, sondern wir wollten eine Prozession von St. Gerhard zu St. Ägidien machen, also in das Zentrum der Stadt. Das Gleiche sollte von St. Marien von der Altstadt erfolgen. Es sollten Geistliche mitgehen, die Meßdiener, das Kreuz vorweg. Die Leute sollten alle Kerzen tragen. Aber daraus wurde nichts, da man Angst hatte, es könne als Provokation aufgefaßt werden. Außerdem war keine Prozession angemeldet worden.

An diesem besagten Missionsabend, das war der 23. Oktober, ist es jedoch zu einer spontanen Demonstration gekommen. Während wir in den Räumen gesessen und den nächsten Schritt überlegt haben, haben sich vielleicht 150 Gläubige mit ihren Kerzen aufgemacht, die sie in dieser Feier bei sich hatten, und sind schweigend von St. Gerhard in Richtung Innenstadt gelaufen – über den Marktplatz, die Wilhelmsstraße entlang zum Rat des Kreises. Man hat Kerzen vor dem Rathaus abgestellt, vor dem Exquisit und die letzten Kerzen auf den Friedensplatz vor dem Gebäude des Rat des Kreises. Dann hat man das »Eichsfeldlied« gesungen. Das war ja verboten, das durfte in der Öffentlichkeit nicht gesungen werden oder war zumindestens nicht erwünscht. Von der Neustadt hatten sich noch Menschen angeschlossen. Es sind sicher ein paar

100 Leute, 300, 400 Leute, zum Schluß gewesen.

Als ich nach Hause kam, war meine Frau nicht da. Ich wußte auch nicht, wo sie war. Sie kam spät und sagte: »Du wirst es nicht glauben, wo ich heute war. Ich habe demonstriert, ich war zur Demonstration.« Ich sage: »Was? Die soll doch erst am Montag sein, wieso denn jetzt?« »Ja, das hat sich ganz spontan ergeben. Wir kamen von der Kirche, und was meinst Du, sobald die Kerzen brannten, sind wir losgegangen. Da haben wir uns alle zusammengetan, haben uns eingehakt, weil wir unwahrscheinlich Angst hatten, und sind losgegangen.«

Für uns war das natürlich das Zeichen, daß keine Zeit mehr zu verlieren war: Jetzt muß am nächsten Montag etwas organisiert werden. Wir sind ganz kurzfristig zusammengekommen, haben uns besprochen. Die Geistlichkeit hatte sich inzwischen eingeschaltet, der Bischof hatte auch signalisiert, daß die Kirchenräume für Bürgerversammlungen und Oppositionelle zur Verfügung gestellt werden möchten. Das war sonst nicht möglich, da man Gefahr lief, daß unser Vorhaben schnell entdeckt würde, wenn man das in öffentlichen Lokalen gemacht hätte. Wir haben dann darüber nachgedacht und beschlossen, dem Rat des Kreises ein paar Forderungen zu übergeben. Vielleicht geben sie sie zur Volkskammer weiter oder zum Staatsrat. So genau haben wir das da noch nicht überlegt, aber in dieser Richtung haben wir jedenfalls gedacht: Die SED muß ihren Machtanspruch aufgeben, freies Bildungswesen, Umweltschutz war dabei und Religionsfreiheit und freie Wahlen, vor allen Dingen auch Reisefreiheit. Also alles die Dinge, die

uns damals wirklich bedrückt haben, uns gefehlt haben, die waren dort aufgeführt.

Wir haben elf Forderungen ausgearbeitet und uns dann am Samstag, dem 28. Oktober, in der Propstei zu Heiligenstadt wieder getroffen. Es waren die meisten, vielleicht sogar alle Geistlichen der Stadt dabei und wir Oppositionellen. Ja, und was machen wir dann? Na klar, wir übergeben Forderungen, dazu muß ja auch etwas gesagt werden. Wer macht das? Herr Adler. In dem Moment wich alles Blut aus dem Kopf. Ich habe gemerkt, es wird nun ernst. Ich habe mich also an dem folgenden Sonntag hingesetzt und meine Rede geschrieben, und am Montag haben wir uns zum Friedensgebet wieder versammelt.

Wir hatten alles getan und waren uns auch sicher, daß zum Friedensgebet am 30. Oktober viele Menschen kommen werden, nicht nur aus unserer Gemeinde, den Gemeinden der Stadt. Wir hatten unsere Forderungen, ich hatte meine Rede, und abends um 18 Uhr hat mein Herz ganz schön geklopft, als ich die Kerze ins Fenster gestellt habe. Es war noch die einzige Kerze in unserer Straße. So etwas geht ja auch nicht gefühllos an einem vorüber, das macht man ja nicht mit lauten Freudenschreien, sondern immer mit beklemmenden Gefühlen. Dann habe ich mich von meiner Frau verabschiedet. Wir waren ganz schön fertig. Dann bin ich los zu St. Gerhard.

Ich bin wirklich schweren Schrittes zum Friedensgebet gegangen, die Rede in der Tasche, die Kerze, klopfendes Herz, Angst, Neugierde, völlig aufgeregt. Ich konnte meine Gedanken gar nicht richtig ordnen. Was hatten wir für eine Vorstellung von Demonstra-

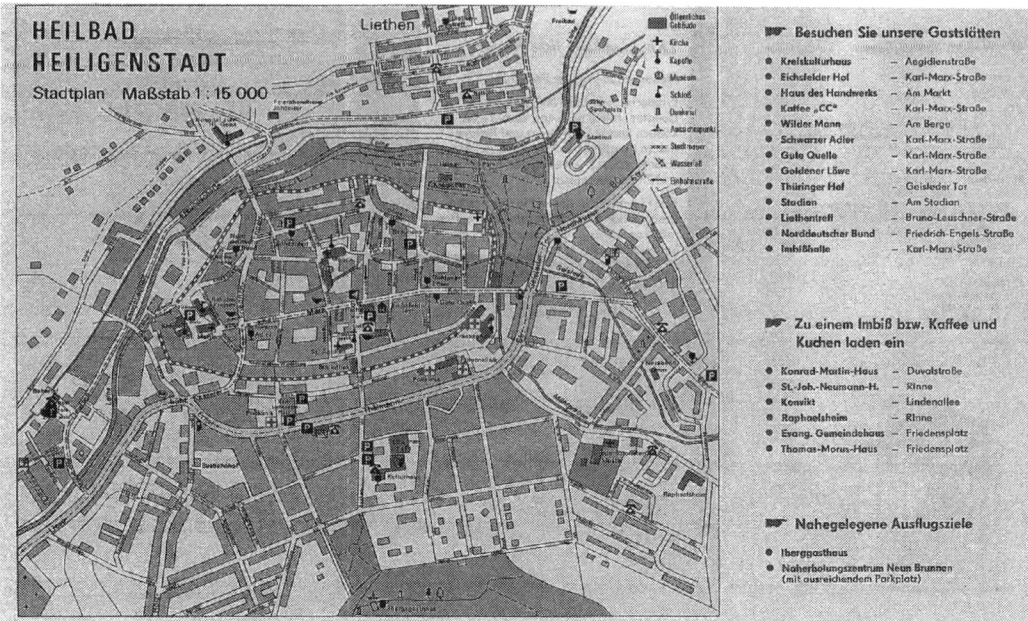

Die Stadt Heiligenstadt stellte sich mit diesem Blatt seinen Gästen aus der Bundesrepublik vor.

tion? Wir kannten die Demonstrationen hier zum 1. Mai, die organisierten. Ansonsten hatten wir zwar die Bilder aus dem Fernsehen von Leipzig und Dresden vor Augen gehabt, aber wie das dann konkret in Heiligenstadt sein konnte, da hatten wir überhaupt keine Ahnung, keine Vorstellung. Und dann kam jemand zu mir und sagte: »Gerd, komm mal mit, ich muß Dir mal etwas zeigen.« Der ist dann mit mir durch das Kloster gegangen hin zu einem Fenster, von wo aus man den Kirchenvorplatz überschauen konnte. Das war für mich ein Augenblick, den ich in meinem ganzen Leben nicht vergessen kann. Man hat nichts gehört, es war eine Totenstille da draußen. Wenn man drinnen in der Kirche gewesen wäre, man hätte meinen mögen, es sei nur in der Kirche etwas. Aber draußen? Dort standen Menschen, Menschen, Tausende von Menschen. Es war ja auch

dunkel an dem Abend, die Straßenlampen waren an, aber das verlor sich dann da hinten irgendwo. Die Rinne (Straßenname in Heiligenstadt), die Gerhardusstraße, der Mühlgraben, alle waren brechend voll.

Ich habe fast meine Fassung verloren. Mir war in dem Moment klar, daß wir im Eichsfeld einen Stein ins Rollen gebracht hatten, den wir nicht mehr aufhalten konnten, und daß es galt, diesen Stein zu lenken und alles, was einen persönlich bewegt und betrifft, hinten anstehen zu lassen, um jetzt nur für die Menschen dazusein. Wir hatten plötzlich eine Verantwortung. Das war uns ganz bewußt in dieser Stunde, an die wir vorher nie gedacht haben, uns hätten nie träumen lassen und die wir uns vielleicht auch gar nicht gewählt haben, in die wir einfach so hineingeraten sind. Angesichts dessen, was wir gesehen haben, war uns klar, daß wir uns gar nicht so einfach an die Spitze dieser Demonstration setzen konnten. Wir sind recht frühzeitig aus der Kirche, als noch gesungen wurde, und sind über den Paterklostergarten, über die Theodor-Storm-Straße und die Freiheitsstraße runter, aber auch dort war alles voll. Daher sind wir den Bahner Stieg runtergegangen und vom Wasserwerk her in die Rinne eingebogen. Bis da vorn standen die Menschen, bis fast zum Wasserwerk. Da kamen die ersten schon, es war ein Zeichen dafür, daß in der Kirche alles zu Ende war. Wir hatten den Geistlichen signalisiert, sich möglichst zurückzuhalten, öffentlich nicht aufzutreten, keine Reden zu schwingen. Wir wollten die Kirche nicht in öffentliche Dinge hineinziehen. So ist es auch bis zum Schluß geblieben, jedenfalls was von der katholischen Kirche, von unserer Seite aus beabsichtigt wurde. Wir schätzen, daß ungefähr 10.000 Menschen an dem Abend marschiert sind. Und dann wurde auch schon skandiert: »Wir sind das Volk«, »SED, das tut weh«, »Demokratie jetzt oder nie«, »Neues Forum, Neues Forum«, »Stasi in die Volkswirtschaft« und alle diese Dinge, die sind schon gerufen worden. Ich habe gesehen, daß in dem Haus, in dem die Bibliothek ist, Ägidienstraße, eine Kamera gefilmt hat, daß dort ein Apparat lief, das haben wir gesehen. Wir sind gefilmt worden. Wir kamen auf dem Friedensplatz an, und der war schon voll. Wie die Menschen alle dort untergekommen sind und wie die gestanden haben, das ist mir heute noch ein Rätsel. Wir haben dann das »Eichsfeldlied« mindestens zwei- oder dreimal gesungen, alle fünf Strophen, und dann noch einmal. Das Tor vom Rat des Kreises war fest verschlossen, die

Pforte war stark bewacht. Da standen Mann an Mann, Schulter an Schulter. Und nur, wenn ein Genosse mal reingehen wollte oder rauskam, ging man auseinander und hat die Leute durchgelassen. Man glaubte zu spüren, da wird nicht nur ein Zeigefinger und ein Fotoapparat auf uns gerichtet sein.

Und dann habe ich meine erste Rede gehalten, habe die Leute begrüßt, habe mich mit meinem Namen vorgestellt und gesagt, daß wir eine Bürgerinitiative, eine ökumenische Bürgerinitiative sind, die die Demonstration organisiert, und daß wir die Einladung zu den Dialogrunden nicht annehmen, daß wir nicht zur Partei gehen, sondern die könnten ja zu uns kommen. Das war ein Erlebnis, diese erste Demonstration! Ich glaube, alle, die dabei waren, werden davon noch zehren, werden das nicht vergessen.

Wir haben an dem Abend des 30. Oktober noch einmal eine Besprechung gehabt, eine Versammlung, im Konvikt, im jetzigen Marcel-Callo-Haus, wo wir dazu übergegangen sind, Arbeitsgruppen zu bilden, zum Beispiel Bildung und Erziehung, Ökologie und Landwirtschaft, Kirche und Gesellschaft, Aufarbeitung der Geschichte, Demokratie und Familienpolitik und Gesundheit und einige andere Dinge. Wir haben an diesem Abend aber auch leider gemerkt, daß Leute darunter waren, die wir eigentlich nicht gern sehen wollten. Wir hatten gleich zu Beginn festgelegt, daß jedermann in der Bürgerbewegung willkommen sei. Wir sind deswegen auch schnell von der Bezeichnung Ökumenische Bürgerinitiative abgekommen, weil wir sagten, das klingt zu sehr nach religiöser Gemeinschaft oder kirchlichem Verein. Wir wollten eigentlich für alle offen sein,

```
    MARIENFEIER DER GEMEINDE ST.GERHARD / HEILIGENSTADT
              23. Oktober 1989 - 19.30 Uhr

I.  Feierlicher Einzug
    1. Gemeinde: GL 850 (1. + 4.)
    2. Eröffnung u.Gebet / Pfarrer S.1,I.,2.
    3. Chor: Die Schönste von allen... (1. + 2.)
II. Verkündigung
    1. Evangelium: Mt 12,46 - 50  / Missionar
    2. P r e d i g t            / Missionar
    3. Gemeinde: GL 622 (1. - 5.)
III.Große Fürbitten
    (Während des Liedes stellen sich die Vertreter der Le-
    bensbereiche mit Kerzen hinten in der Kirche in Prozes-
    sion auf; die Kerzen werden werden entzündet.)
    1. Einleitungswort  / Missionar S.2,III.,1.
    2. Gebet des Pfarrers  / S.2, III.,2.
    3. Chor u.Gemeinde: GL 849
       (Chor: 1.,4. u.7. - Gemeinde: 2.,5.u.8. im Wechsel
       (Vertreter der Gemeinde ziehen im Mittelgang nach
       vorn u.bleiben in der Reihe stehen.)
    4. Kerzenopfer und Fürbittgebet
       1. Kinder, 2. Jugend, 3. Frauen, 4.Männer
       5. Schwestern, 6. Kranke, 7. Alte,
       8. Besonderes Anliegen, 9. Zukunft des Landes
    5. Abschluß der großen Fürbitten / Pfarrer S.7,III.,5.
    6. Chor: Breit' um uns deinen Mantel... (1. - 3.)
IV. Abschluß der Marienfeier
    1. Lied zur Aussetzung: GL 842 (1. - 4.)
    2. Begrüßung des Allerheiligsten / Pfarrer
    3. Fürbitten / Missionar    S.8, IV.,3.
    4. Abschlußgebet / Pfarrer   S.9 oben
       dann statt Vaterunser das Magnifikat: 688 / 689.
    5. Segenslied: GL 542 (1.-2.)/Melodie FGB 266
    6. Schlußlied: GL 949 (1. - 5.) - Großer Auszug
```

Vorgesehener Ablauf der Marienfeier der Gemeinde St. Gerhard in Heiligenstadt vom 23. Oktober 1989. Ursprünglich war geplant, im Anschluß an die Feier eine Prozession in das Stadtzentrum von Heiligenstadt zu unternehmen. Dieses Vorhaben wurde jedoch fallen gelassen, weil man fürchtete, es könnte von den staatlichen Organen als Provokation ausgelegt werden.

außer denen, von denen wir wußten, daß sie in der Partei waren, dort stramm mitgearbeitet haben. Das war für uns die einzige Ausnahme, ansonsten waren wir offen für jedermann, jede Frau, die sich engagieren wollte. Das haben wir durch den Namen Demokratische Initiative kundgetan.

Was ich diesen Frauen und Männern immer wieder hoch anrechnen muß, ist die Besonnenheit, die in all den Tagen und Wochen bewahrt wurde, die Sachlichkeit trotz emotionalen Engagements mitunter, die Sachlichkeit und Gelas-

senheit, und daß niemand dazu aufgerufen hat: Jetzt stürmen wir die Stasi, oder wir stürmen jetzt die Kreisverwaltung. Die Leute hätten uns gehorcht, die wären losgegangen. Nur, was dann daraus geworden wäre, weiß man nicht.
Hans-Gerd Adler,
Heiligenstadt, Jahrgang 1941

Die Grenze wird geöffnet

Nachdem das Politbüromitglied Günther Schabowski in Berlin im Verlauf einer Pressekonferenz verkündet hatte, daß das neue Reisegesetz mit sofortiger Wirkung in Kraft treten sollte, waren Tausende zu den Grenzübergängen nach West-Berlin geströmt. Unter dem Druck der Massen mußten die Grenzposten am späten Abend des 9. November 1989 den Übergang Bornholmer Straße für die Ostberliner öffnen, die zu einem Kurzbesuch nach West-Berlin wollten. Nachdem die Paßkontrolleure zuvor die Menschen registriert und mit einem Visastempel auf dem Paßbild ausgebürgert hatten, mußten sie wegen des Andrangs gegen 22.30 Uhr die Schlagbäume öffnen, und Tausende passierten ungehindert die Grenze. Weitere Übergänge nach West-Berlin folgten, bis im Verlauf des Abends auch alle übrigen Grenzübergangsstellen an der innerdeutschen Grenze unter dem Druck der Massen geöffnet wurden.

Die Nachricht – »die Grenzen sind offen« – erreichte über Funk und Fernsehen immer mehr Menschen. In Leinefelde hatten sich rund 22.000 Demonstranten auf dem Zentralen Platz zu einer Kundgebung versammelt, als sie die Nachricht hörten. Viele verließen die Veranstaltung und fuhren in den späten Abendstunden in Richtung Grenzübergangsstelle oder zu den Volkspolizeikreisämtern, um sich hier das Visum für die Fahrt in den Westen zu holen. Als auch an der Grenzübergangsstelle Worbis der Druck der in ihren Autos wartenden Menschen immer größer wurde, gaben auch hier die Posten den Weg frei. Die ersten Reisenden wurden von einer schon seit Stunden wartenden Menge auf der westlichen Seite des Grenzübergangs in Gerblingerode jubelnd begrüßt. Ihren ersten Besuch im Westen nutzten viele zu einem Spaziergang durchs niedersächsische Duderstadt oder einem Besuch bei Verwandten in den umliegenden Dörfern. In einer Gaststätte feierten Hunderte die Nacht durch, bis sie in den frühen Morgenstunden zu ihren Arbeitsplätzen und Familien zurückkehrten. Am darauffolgenden Tag und am Wochenende strömten Tausende zu einem Besuch in den Westen. Der Verkehr staute sich bis zu 40 Kilometer vor dem Grenzübergang. Alle beschäftigte die Frage, wie lange es die Möglichkeit zum Reisen geben würde, ob die Grenze wieder geschlossen würde. In den folgenden Wochen wurden die seit Jahrzehnten gesperrten Verbindungsstraßen zwischen den Dörfern des Eichsfeldes unter großer Beteiligung der Bevölkerung wieder geöffnet. Die Sperrzone und die Bestimmungen über den Schußwaffengebrauch an der Grenze wurden am 13. November aufgehoben. Ab dem 23. Dezember 1989 durften dann auch die Bürger der Bundesrepublik visafrei in die DDR einreisen.

Am Morgen war dann Teistungen zu ...

Ich war in der Nacht vom 9. zum 10. November der Erste hier unten. Ich wußte, an dem Abend war wieder eine der Demos in Leinefelde. Ich hatte an diesem Abend keine dienstlichen Verpflichtungen und hatte mir längst zur Gewohnheit gemacht, daß ich abends um halb elf immer die »Tagesthemen« angeguckt habe, die Nachrichten von ARD. Und man war es ja eigentlich schon gewohnt, durch diese Friedensgebete, Demos und anderen Dinge, die sich in den Nachrichten zugetragen haben, auch die Ereignisse damals in Ungarn und dann in Prag und auch in

Den Eichsfeldern noch zu langsam, aber doch mit sichtlichem Fortschritt, geht der Abbau der Grenzanlagen voran. Die Metallgitterzäune werden demontiert — und in Göttingen verschrottet, weil dies zur Zeit von den heimischen Altstoffunternehmen nicht möglich ist. In diesen Tagen läuft die Zaun-Demontage beim »Grenzübergang Teistungen auf Hochtouren. Hier Soldaten der Kompanie Teistungen, die von Pionieren aus Heiligenstadt unterstützt werden, bei der Arbeit. Weitergehen soll es im dortigen Grenzbereich in Richtung Ecklingerode, Fuhrbach und Zwinge. Wer von den Bürgern übrigens ein Stück des Zaunes als Souvenir oder sinnvollen Verwendungszweck brauchen kann, möge sich an den Stab der Grenztruppen in Mühlhausen wenden, wo Zaunteile, Betonpfosten etc. spottbillig abgegeben werden.   Foto: Baumgarten

Bericht über den Abbau der Grenzsperranlagen im Eichsfeld im »Thüringer Tageblatt« vom Sommer 1990.

Polen, daß die Nachrichtensendungen sich dadurch verschoben haben. An dem Abend setzte ich mich also an den Fernseher, um die Nachrichten zu schauen, und es kommt ein anderes Programm. Um 22.40 Uhr kommt die Einblendung in den »Tagesthemen«, das erste Bild auf dem Bildschirm, das werde ich nie vergessen, das war Berlin, die Mauer, wo man da rüber und nüber kraxelte, und dann noch einmal die Rückblende auf das, was um 18.53 Uhr passierte, als der Günther Schabowski den Zettel, den berühmten, nahm und weitergab und kundtat, die Grenze ist offen, was sicherlich zunächst nicht so gemeint war, aber es wurde so aufgefaßt. Damit war im Grunde genommen der Bann gebrochen, in Berlin wohlgemerkt. Guckte das noch ein paar Minuten an, und nun hielt mich nichts mehr, runter zum Grenzübergang zu gehen, um mich zu erkundigen, was da eigentlich abgeht. Ich habe zu Hause noch schnell einen Zettel auf den Tisch gelegt, meine Haushälterin lag schon im Bett: »Bin mal kurz nach Gerblingerode, komme gegen Mitternacht zurück«, und bin losgegangen und wunderte mich, daß hier alles noch ganz ruhig war im Ort, ganz normal wie jeden Abend auch. Ich bin dann den Radweg runtergelaufen hin zum Grenzübergang. Da war auch alles normal, kein Autobetrieb, der anders gewesen wäre als sonst. Als ich hier unten in diesen Bereich kam, wo der Hinweis war, daß hier der Grenzübergangsbereich ist, wo man nicht zu gehen hat. Das hat mich dann natürlich überhaupt nicht mehr gejuckt, sondern ich bin einfach weitergegangen. Drei Polizisten, die eigenartiger Weise quer über der Straße standen, und der eine dann so halblaut sagte:

»Ach, da kommt der Teistunger Pfarrer, den nehm' ich mir mal vor.« Es war ja ungewohnt, daß man als Fußgänger dorthin kommt, das war praktisch nur für Pkw gedacht. Selbst auf dem Moped hätte ich Schwierigkeiten gekriegt, auf dem Fahrrad auch, und ich komme zu Fuß dorthin. Der kam dann zu mir und sagte: »Na, Herr Pfarrer, wo wollen Sie denn hin?« Da habe ich gesagt: »Ich will erstmal nach Gerblingerode ein Bier trinken gehen.« »Ja, Herr Pfarrer«, so nach dem Motto, »was ist denn mit Ihnen los, haben Sie geträumt ...?« Da habe ich gesagt: »Haben Sie noch keine Nachrichten durchgekriegt?« »Wieso?« Da wußte man also nicht, war das nun echt oder war es geheuchelt? Jedenfalls haben die so getan, als wenn sie noch nie was davon gehört hätten, was an der Grenze so vonstatten ging, was der Herr Schabowski da von sich gegeben hat. Ich habe erzählt, was ich im Laufe des Abends gesehen habe. Da kam dann ein Trabi angefahren, das werde ich nie vergessen, die Frau stammte aus Brehme, und die hatte hinten ihre zwei schlafenden Kinder. Die beiden anderen Verbliebenen standen noch auf der Straße und hielten die natürlich an und wollten Kraft ihres Amtes den Trabi stoppen, denn Kinder durften ja nicht mit. Jetzt war die erbost darüber, daß sie überhaupt angehalten wurde, dann daß die sich Kraft ihres Amtes vor ihr aufbauten, so wie man es schon von früher her gewohnt war, und sie dann noch so richtig administrativ angingen. Sie fing an und schimpfte, das werde ich nicht vergessen, wie sie sagte: »Ihr Schweine«, in solchen Situationen vergißt man ja sogar sein Christsein, »Ihr Schweine, Ihr habt uns 40 Jahre beschissen, und jetzt ist Schluß! Platz da! Ich laß mir jetzt von Euch hier überhaupt nichts mehr gefallen!« Da sagte der eine: »Herr Pfarrer, Sie können doch mit Leuten umgehen. Gehen Sie zu der Frau und sagen ihr, sie soll doch ein bißchen vernünftig sein. Wir haben hier noch einiges zu klären.« Dann zog einer ab, um zu telefonieren. Ich sage: »Gute Frau, gehen Sie doch, ich komme hier von Teistungen, und ich wollte es einfach mal probieren, mich lassen sie auch nicht durch. Ich hab' ein Pech, ich hab' auch kein Fahrzeug dabei, und Fußgänger dürfen hier nicht durch. Warten wir halt ab, jetzt haben wir so lange gewartet, da kommt es auch nicht mehr auf die Augenblicke an. Morgen sieht der Tag anders aus.«

Da kam der dann zurück und sagte: »Gute Frau ...« »Hören Sie mir auf mit guter Frau«, die heulte gleich so. »Wir möchten Sie jetzt bitten, fahren Sie mit Ihrem Fahrzeug nach Worbis, lassen Sie sich dort auf der Polizeistelle einen Zettel ausfüllen. Und mit dem können Sie dann hierher kommen, und dann können Sie passieren. Aber ohne dem geht es nicht.« Da wurde sie wieder verrückt. »Na, um die Zeit? Ihr seid wohl verrückt! Tagsüber kommt man da schon so schwer dran und jetzt vielleicht noch um die Zeit.« Es war in der Zwischenzeit schon nach 23 Uhr, schimpfte sie also weiter. Aber sie hat sich überzeugen lassen und ist weggefahren. Ich hab' nur gesagt: »Ja, wenn Ihr schon meinen Westnachrichteninformationen nicht Glauben schenkt. Die Frau hat nun gesagt, sie kommt direkt von der Demo aus Leinefelde, ist schnell nach Hause gefahren, hat ihre beiden Kinder gepackt und wollte jetzt ihre Angehörigen in Gerblingerode überraschen. Dann kann ich Euch jetzt nicht eine gute Nacht wünschen, es wird noch sehr heiß für Euch.« Dann bin

ich umgedreht und wieder die Straße nach Teistungen zurück. Auf meinem Rückweg wurde es lebendig auf der Straße. Es war so nach halb zwölf, dreiviertel zwölf, aber ich habe mich nicht mehr groß drum gekümmert, da mich das Fernsehen mehr interessierte als das. Am nächsten Morgen war dann Teistungen zu. Es war voller Fahrzeuge aus allen Richtungen, weil der nächste Grenzübergang Helmstedt/Marienborn und unten Herleshausen/Wartha bei Eisenach war, und so drängte sich nun alles an diesen Übergängen. Es war schon extrem, Stoßstange an Stoßstange, aber jeder wollte zumindest mal sehen, was da los ist.
Pfarrer Heinz Kowallik,
Teistungen, Jahrgang 1945

Also vergessen kann man so was nicht.

Ich denke mal, daß ich der Erste war. Denn von offizieller Seite her bin ich am 9. November, die Nacht in Duderstadt am Bundesgrenzschutz-Kontrollpunkt, von einer riesengroßen Menschenmenge und von den offiziellen Leuten, Herrn Koch, Herrn Nolte und Herrn Hartwig Fischer, dort empfangen worden.

Ich war mit meiner Familie, meiner Frau und zwei Kindern, ansässig in Leinefelde und beschäftigt in der Baumwollspinnerei Leinefelde und als dortiger Ensembleleiter für kulturelle Dinge und für das Betriebsensemble verantwortlich. Der Abend vom 9. November hatte schon ein bißchen was Prickelndes. Wie auch die Zeit zuvor waren die politischen Dinge ja unverkennbar. Ich war am 9. November vor der Kirche in Leinefelde, habe die dortige Messe mit-

erlebt und habe auch mit einem Herrn aus Göttingen gesprochen. Er ist mir aufgefallen, weil er so gar nicht in das Bild paßte. Er konnte eigentlich nur aus der BRD stammen. Er hatte einen Trenchcoatmantel an und so einen Tippushut. Wir sind sofort sehr nett ins Gespräch gekommen und haben uns unterhalten und haben gesagt: Na ja, irgendwann wird sich ja irgend etwas ändern, nachdem alle so weit jetzt hier zu Gange sind und irgendwas bewegen wollen. Danach sind wir gemeinsam mit der Demo hochgezogen auf den Zentralen Platz in Leinefelde und haben uns dort noch diese Wortwechselspiele zwischen den Demonstranten, dem Herrn Peter Senft zum Beispiel und dem Herrn Krautmacher, damals von der SED-Kreisleitung, angehört. Nach dieser Demonstration bin ich nach Hause.

Das war ganz, wie soll ich sagen, zum einen traurig, zum einen lustig, zum einen ganz gewaltig, muß ich sagen. Denn das, was da stattgefunden hat, das hat noch keiner so erlebt, und gerade im Eichsfeld hier unten, daß die Menschen sich da getraut haben, mit einem Mal auf die Straße zu gehen. Ich weiß noch, wo der Zug los ging. So ganz allmählich fingen diese Zwischenrufe an: »Wir sind ein Volk!«, und dann kam auch nachher »Stasi raus!« Das war ganz zaghaft, und ich weiß noch, auf der Höhe vom Badeteich in Leinefelde, wo wir dann rechts eingeschwenkt sind auf den Zentralen Platz, da wurde das immer lauter. Der ganze Zug, der kam richtig in Wallung. Ich hätte mich wahrscheinlich nicht dort vorne auf diese Nottribüne gestellt, ich hätte wahrscheinlich Angst gehabt, so waren die Menschen in Wallung. Und dann war natürlich auch gut, daß die Redner gut vorbereitet waren. Der Herr Peter Senft hat dort gute Dinge gesprochen. Selbst junge Leute, Schüler aus dem Gymnasium (damals Erweiterte Oberschule) sind aufgestanden und haben die Kreisleitung befragt und den Herrn Krautmacher dermaßen in die Enge getrieben. Also vergessen kann man so was nicht.

Es war so, daß donnerstags immer im ZDF Fußballabend war, und wir haben als DDR-Bürger auch in Leinefelde die Möglichkeiten gehabt, das BRD-Fernsehen zu empfangen und haben diese Fußballspiele regelmäßig geschaut. 20.15 Uhr haben die Spiele begonnen, und das Spiel war um 22 Uhr zu Ende. Da kam gerade der Bruder meiner Frau, der zum damaligen Zeitpunkt noch bei uns gewohnt hat, von der Arbeit. Er war als Kellner beschäftigt und hatte Feierabend um halb zehn, und der hat gesagt: »Mensch, also irgendwo ist da was im Busch. Irgendwo läuft hier was, alles so aufgewühlt, alles so aufgeregt. Sie müssen was durchgesagt haben, daß die Grenzen offen sind.« Da habe ich gesagt: »Das kann ich mir nicht vorstellen.« Und dann fingen die »Tagesthemen« an im Fernsehen. Und auf einmal interviewten sie jemandem, der war mit einem blauen Lada 2106 an der Tankstelle in Westberlin, hat getankt, Personalausweis in der Hand und hat gesagt: »Also Leute, wir sind ganz problemlos jetzt hier über die Berliner Grenze gefahren, und wir gucken uns jetzt erstmal Westberlin an!« Ich sage: »Die Grenze muß offen sein!«

Ich kann mich ganz genau an das Interview entsinnen, als der an der Zapfsäule gestanden hat mit seinem Lada und hat getankt. Dann kam dieser Nachrichtensprecher und sagte: »Es steht jetzt eindeutig fest, daß man reisen darf.« Da habe ich gesagt: »Das will ich jetzt ganz genau wissen.« Da

habe ich zur Frau gesagt: »Wir gucken mal, wir müssen mal sehen, was da los ist. Die Grenzen sind offen, die Kinder sind versorgt. Mutter, wenn irgendwas ist, kannst Du runterfahren morgen früh, kannst die Kinder holen, bringst sie in den Kindergarten.« Ich sage: »Vater, gib mir mal bitte die Adresse von dem Onkel Gisbert aus Duderstadt.« Dann sind wir losgefahren, und in Worbis oben an der Kreuzung stand eine riesengroße Schlange vorm VPKA (Volkspolizeikreisamt). In Ferna am Grenzkontrollpunkt, dem heutigen »Grenzsnack«, war ein riesengroßer Menschenauflauf, und der Schlagbaum war zu. Wir durften weiterfahren, weil ich einen Passierschein fürs Grenzgebiet hatte. Da habe ich das Fenster runtergemacht und bin rangewunken worden von dem einen Polizisten. Und dann sind wir dort rangefahren, haben den Personalausweis vorgezeigt und unseren Grenzschein dazu. Da hat der Polizist gesagt: »Ja, das ist okay, das ist alles in Ordnung. Sie dürfen fahren.«

Wir sind dann rechts hochgefahren in Richtung Brehme, aber nur bis zur Wehnder Warte. Ich sage: »Mensch, da oben von der Wehnder Warte haben wir vielleicht eine gute Aussicht!« Ich kannte ja die Grenzgegebenheiten nicht. Wir haben nichts gesehen, Totenstille, haben dort oben vielleicht zwei, drei Minuten gewartet. Wir wollten eigentlich wieder zurück und vor der Abbiegung, wo es links wieder zum Schlagbaum ging nach Ferna, ich weiß nicht warum, da bin ich rechts abgebogen und einfach nach Teistungen reingefahren. Ich wußte, wo unser Baßgitarrist wohnte in Teistungen. Der Klaus war auch ein Fußballfanatiker, der hatte auch Fußball geschaut, lag schon im Bett. Ich sage: »Nimm Deinen

Personalausweis mit, der ist wichtig.«
Eingesteckt, runter ins Auto, losgefahren. Wo jetzt die heutige Einfahrt ist
zum Hotel »Teistungenburg«, da war
der allererste Schlagbaum, ein kleines
Häuschen, eine Ampel – Rot, Grün –
und ein Schlagbaum, ein automatischer
Schlagbaum. Dort haben wir angehalten, kam jemand mit Uniform, kam auf
uns zu, Fenster runtergemacht, Motor
abgestellt.

Wir waren das erste Fahrzeug, das
dort an diesem Schlagbaum stand. Und
dort kam der Hauptmann der Grenztruppen der Nationalen Volksarmee,
so hat er sich vorgestellt. »Wo möchten
Sie hin?« »Ja«, sage ich, »wir wollen
nach Duderstadt.« »Das geht aber erst
morgen früh.« »Das kann nicht sein,
da sind Sie bestimmt wieder schlecht
informiert oder vielleicht gar nicht
informiert. Es ist eindeutig im Fernsehen gesagt worden, die Grenzen sind
offen, da hat man vom Politbüro was verlesen, und dann sind wir losgefahren,
und dann stehen die Leute auch schon
in Worbis beim VPKA.« Er hat uns noch
gefragt, warum wir überhaupt hier
reingekommen sind? Ob wir hier unten
wohnen? Ich sage: »Nein, wir waren in
Brehme bei der Oma, wir haben einen
Grenzschein und sind jetzt einfach nur
hierher gefahren, weil wir dort gehört
haben, daß es offen ist.« Wir mußten
ja auch ein bißchen lügen. Aber da hat
man ja auch gemerkt, daß die Grenzer
dort damals auch schon nicht mehr so
wie früher waren, daß man da einfach
nach Hause geschickt worden wäre.
Die hatten schon ein bißchen Angst.
Dann habe ich zu dem Grenzer gesagt,
er möchte bitte seinen Vorgesetzten
anrufen, gegebenenfalls könnte er ja
auch in Erfurt anrufen, was bestimmt
seine nächste Dienststelle ist, oder

Worbis anrufen. Es ist wirklich so, daß
die Grenzen offen sind und man einreisen darf als Tourist. Dann ist er weg-
gegangen, hat telefoniert, kam wieder,
hat gesagt: »Moment, Sie müssen sich
noch ein bißchen gedulden, unser Vorgesetzter kommt.« Und dann kam ein
Vorgesetzter: »Wir haben noch keine
andere Information.« Ich sage: »Gut,
dann mache ich Folgendes: Dann warte
ich jetzt hier, bis Sie Nachricht haben,
daß die Grenzen offen sind. Und wenn
es morgen früh ist.«

Und da kam der Hauptmann so
ein paar Minuten später, vielleicht
so 23.15 Uhr, und gab uns eine gelbe
Zählkarte und dann noch so ein paar
Unterlagen: »Die müssen Sie bitte
ausfüllen.« Die haben wir ausgefüllt
und unterschrieben, haben den Personalausweis bereitgehalten. Dann ist
er mit den Zählkarten fortgegangen,
und es dauerte eine Minute und dieser
halbautomatische Schlagbaum ging
hoch. Ohne Ankündigung ging der
einfach hoch. Da hab' ich dagesessen,
und die Ampel war noch auf Rot. Ich
sage: »Klaus, Elisabeth, jetzt ist der
Schlagbaum hoch, jetzt starte ich den
Wagen.« Da hab' ich das Auto gestar-
tet, hab' gewartet, und dann kam das
Licht Grün. Ja, ich dachte: Fährste jetzt
los? Da erschießen sie dich. Der steht
da vorne, der zeigt nichts. Da hab' ich
den ersten Gang reingemacht und hab'
gewartet, und dann hat der gewunken,
der Grenzer, der Hauptmann da. Da
bin ich losgefahren, schön langsam im
ersten Gang, hat er seine Ehrenbezeu-
gung gemacht, als wir vorbeigefahren
sind, dann bin ich durchgefahren. Und
dann ist der Schlagbaum wieder runtergegangen. Dann sind wir ungefähr
vielleicht 50 Meter gefahren. Da ging
die Straße rechts weiter, links stand

Grenzöffnung am Grenzübergang Witzenhausen/Hohengandern im Süden des Eichsfeldes.

so ein Flachbau, und an dem Flachbau war zur rechten Seite hin, zur Straße hin, wo wir weiterfahren sollten, so ein Wellblechverschlag angebaut mit Tor. Und auf einmal standen rot-weiße Kegel auf der Straße. Wir durften dort nicht weiter. Es wurde dieses Blechtor aufgemacht, und man hat uns dort reingewunken, wir sollten dort reinfahren. Ich sage: »Aus Leute, zu spät, jetzt ist alles vorbei. Also, wenn sie uns hier nicht erschießen«, habe ich gesagt, »dann werden sie uns mit Sicherheit festnehmen. Also, die Straße geht hier rechts weiter, wir müssen jetzt hier reinfahren.« Da sind wir dort reingefahren, da ging hinter uns das Tor wieder zu, dann waren wir in einer eisigen Atmosphäre: Wellblechverschlag, Neonlicht. Und der Grenzer, eigenartiger Weise sprang der rum, hat irgendwo die Bude saubergеmacht, der war nur in seiner Militärhose, diese Beulenhose, und hatte ein Unterhemd und die Hosenträger. So sprang der dort rum. Dann lief der rein und zog sich die Jacke über und kam wieder raus. Da mußten wir aussteigen. »Zoll! Wir müssen Ihr Auto untersuchen und müssen ...« Na ja, da ging

das los. Da mußten wir unser Portemonnaie aufmachen, da mußte ich das Kleingeld zählen. 47 Mark und 50 Pfennig, weiß ich noch. Mußte ich so einen Schein ausfüllen, daß ich 47 Mark und 50 Pfennig mit hatte. Ich sage: »Was wollen denn die, was wollen die denn mit unserem Geld? Die können doch mit unserem Geld nichts anfangen drüben.« Ich sage: »Ich doch auch nicht.« »Ja, das ist egal, wir müssen das aber halt aufschreiben. Und Sie sind verpflichtet, das zu machen.« Da fing der an und kontrollierte die Sitze, die Kopfstützen faßte er durch, mußte ich den Kofferraum aufmachen, die Matte hinten hoch, Motorhaube aufmachen. Ich sage: »Wenn da vorne der Motor nicht drin wäre, könnte ich nicht fahren.« War ich noch so spaßig drauf, und hätte ich mal bloß nichts gesagt. »Wenn Sie hier noch einen großen Ton haben, schicke ich Sie gleich wieder zurück.« »Ja, Entschuldigung, war nur ein Späßchen von mir.« So, und dann wurde uns der Personalausweis abgenommen. Da hab' ich schon gedacht, das ist doch jetzt irgendwo hier faul. Das kann doch irgendwo nicht sein. Was läuft denn

Mit diesem Lada, hier anläßlich einer Urlaubsfahrt fotografiert, reiste das Ehepaar Klippstein mit einem Bekannten am Grenzübergang Duderstadt/Worbis am 9. November als erstes Fahrzeug in den Westen.

jetzt hier? Dann durften wir uns wieder reinsetzen, und da wurde hinten die andere Seite aufgemacht, und wir durften wieder rausfahren. Das hat vielleicht dort fünf Minuten gedauert. Da sind wir rausgefahren, und dann mußten wir nochmal an einer letzten Stelle halten, und da wurde dann so eine Holzluke aufgemacht und uns unsere Personalausweise wieder rausgeschoben und der Abriß der Zählkarte. Das heißt, irgendwo wurde was abgerissen. So einen kleinen gelben Abschnitt durften wir behalten. Und dann sind wir langsam losgefahren von dort. Es kam nochmal so ein letztes Häuschen, da guckte so ein Stück dieser große Rammbock raus, der da rausgefahren werden konnte. Und links, kann ich mich entsinnen, war eine riesengroße Betonsäule mit dem DDR-Emblem oben drin. Und als wir an dieser Säule waren, fing der Klaus an zu quieken, zu grölen, zu schreien, klopft

aufs Armaturenbrett. Ich sage: »Klaus, beruhige Dich doch.« »Ich glaub's nicht! Ich glaub's nicht!«, hat er gesagt. »Ich glaub es nicht! Wir sind im Westen!«

Dann waren es ungefähr noch 200 Meter, da ging so eine leichte Rechtskurve, und dann sah man schon ein flaches Gebäude und ein riesengroßer Menschenauflauf, aber wirklich ein riesengroßer Menschenauflauf. Wir sind einfach so in die Menschenmeute reingefahren und mußten dann vorne stoppen. Wir kamen ja gar nicht bis an dieses Grenzkontrollhäuschen ran vom Bundesgrenzschutz. Wir mußten stoppen. Dann wurden die Türen aufgerissen, wir wurden rausgezerrt aus dem Auto. Da wurden wir gedrückt, umarmt, geküßt und geklopft und gerupft. Dann flogen die Sektkorken durch die Gegend. Dann wurde uns dort die Sektflasche hingehalten. Ich weiß, den ersten Schluck habe ich richtig so aus der Flasche genommen.

»Und klasse! Und prima! Und toll! Wann kommen denn die anderen?« »Kann ich nicht sagen, wann die anderen kommen, weiß ich nicht. Wir sind jetzt rübergekommen.« Beschreiben kann ich halt nicht das Gefühl. Das war irgendwo flau, das war irgendwo, ich weiß nicht, ist so richtig schwer heut zu sagen, wie das damals war.

Da sind wir losgefahren und sind bis an diesen Grenzkontrollpunkt gefahren, und dann kam der Bundesgrenzschutz, nett und freundlich, Herr Sowieso: »... und begrüßen Sie hier in der Bundesrepublik Deutschland am Grenzkontrollpunkt Duderstadt.« Dann wurde in die Ausweise reingeguckt, aber das hat nur eine Sekunde gedauert. Auf einmal gingen Scheinwerfer an, und 3Sat hat gefilmt. Dann kamen natürlich Herren, die waren schon ein bißchen anders angezogen, sag ich mal, die kamen schon ein bißchen offiziell, das waren der Herr Nolte, der Herr Koch und der Hartwig Fischer. Das weiß ich noch, Herr Hartwig Fischer war CDU-Landesvorsitzender in Niedersachsen. Der hat uns dort offiziell begrüßt, und er hat dann gefragt, wie das vonstatten gegangen ist, ob wir durchgekommen sind, ob wir Schwierigkeiten hatten und ob er denn mein Auto fahren dürfte. Ja, wenn er damit zurechtkommt, hab' ich gesagt, könnte er sich reinschwingen. Da hat er sich dahinter gequetscht. Der konnte schon mal nicht unterscheiden, daß es kein Trabant war. Wir hatten damals einen Lada. Er hat sich also dahinter gequetscht im guten Glauben, daß es ein Trabant war, und hat dann ganz offiziell dieses Auto über den großen dicken Strich bewegt, der dort aufgezeichnet war. Und das war offiziell die Einreise nach der Grenzöffnung in die BRD. Ich hab' da noch

mein Späßchen gemacht und sage: »Hoffentlich haut der mit meinem Auto nicht ab.« Ich hatte ja Angst um unser bißchen Hab und Gut, was wir hatten. Da haben die gelacht und gesagt: »Nehmen Sie doch dahinten das, was ihm gehört.« Ich sage: »Hoffentlich ist das gleichwertig.« Er hat jedenfalls angehalten, hat uns eingeladen, wir möchten bitte gemeinsam jetzt nach Duderstadt fahren, wir sollten hinterherfahren und uns im »Ambiente« treffen. Dort gab es Freibier.

Jedenfalls ging so nachts um dreiviertel eins, eins, da ging die Tür auf, und dann kamen noch Bürger aus der DDR. An eine Sache kann ich mich noch entsinnen: Wo wir raus sind aus dem »Ambiente« und wollten zu unserem Onkel fahren, da hielt ein Barkas, ein B 1000, der Firma Dachdecker Reetz aus Worbis. Da ging die Plane hinten auf, und da war halb Worbis versammelt da hinten drin. Da stiegen Menschen aus, Menschen über Menschen über Menschen. Da war dann nachher ein Wooling in der Gaststätte, ein Hallo und ein Theater, das war unbeschreiblich. Wir sind dann aber fort, weil ich erstens morgens früh um 6.15 Uhr wieder auf Arbeit mußte. Wir hatten in dieser Woche Ensembleprobe, die ganze Woche über, und ich mußte pünktlich wieder auf Arbeit sein. Wir sind dann zu dem Onkel gefahren, haben den noch wach geklingelt, haben dort noch Hallo gesagt, und daß die Grenzen offen sind. Wir kriegten dann Kaffee angeboten und was zu trinken, und dann kriegte jeder noch ein Päckchen Kaffee geschenkt von der Tante. Da haben wir uns noch gewundert, weil das Wohnzimmer so kalt war. Aber da haben wir erfahren, daß die grundsätzlich die Heizung runterdrehen wegen Spa-

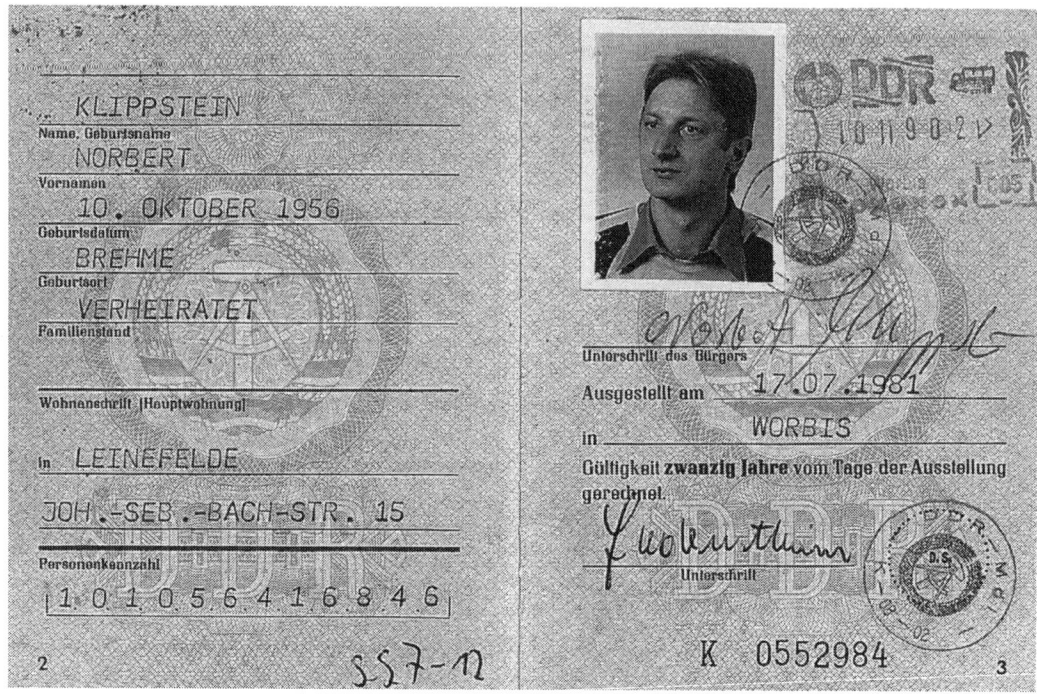

Die ersten Reisenden erhielten einen Kontrollstempel neben oder auf das Paßbild. Es war zunächst von den Paßkontrolleinheiten geplant, auf diese Weise die Menschen aus der DDR auszubürgern und nicht wieder zurückzulassen. Der große Ansturm von Kurzbesuchern verhinderte dies jedoch, die Kontrollen wurden gänzlich eingestellt und jeder konnte über die Grenze nach Hause zurückfahren.

ren. Das wußten wir ja alles gar nicht. Ich habe mich da noch so aufgeregt, Mensch, es ist ja kalt in der Bude hier. Bei uns in der Neubauwohnung, wir konnten nackt rumlaufen, und da war es kalt. Jedenfalls sind wir nachts um halb drei, drei von Duderstadt wieder weg und sind dann auch wirklich ohne Probleme, allerdings mit einem grünen Stempel neben dem Paßbild, wieder nach Hause gekommen. Und ich weiß wohl, daß dieser Stempel nicht überall draufgemacht worden ist, wohl nur auf die Leute, die halt, sag ich mal, in der ersten Stunde rübergefahren sind. Ich weiß nicht, was man mit uns vorgehabt hätte, wenn es wieder anders gekommen wäre. In dieser Nacht haben wir was erlebt, was wir unser ganzes Leben

mit Sicherheit nicht vergessen können. Wir sind dann wieder nach Leinefelde gefahren und haben erstmal überall geklingelt, bei den Eltern usw., daß wir zurück sind.
Norbert Klippstein,
Worbis, Jahrgang 1956

Es war schon toll, kann man nicht anders sagen.

Mein Mann war unten in Jützenbach (Dachdeckerei Reetz aus Worbis arbeitete in Jützenbach, Sperrgebiet), und dann kam er mittags nach Hause und sagte: »Ich weiß nicht, irgendwie knistert es, ist Spannung drin. Du kommst nachher runter und bringst mir noch ein bißchen Material.« Das hab' ich nachher auch hingebracht und bin ohne weiteres durchgekommen und wieder zurück. Abends, wie er kam, sagt er: »Der Klempner sagt, es wäre irgendwas in der Luft.« Da sind wir abends nochmal losgefahren und haben geguckt. »Oh, wir können Euch nicht mehr durchlassen. Die Arbeitszeit ist um, Ihr dürft nur rein (ins Sperrgebiet), wenn Arbeitszeit ist.« Jedenfalls wurden wir wieder zurückgeschickt. Keiner wußte so richtig, was los war. Und dann um elf rum fuhren sie hier schon durch die Gegend. Da haben wir es auch im Fernsehen schon gehört, daß es brodelt, richtig brodelt. Na, hoffentlich geht das gut! Aber, daß die Grenzen aufgemacht worden sind, so was hat keiner geglaubt.

Dadurch, daß mein Mann Fußball geguckt hat, haben wir das auch mitgekriegt. Draußen wurde es ja auch schon lebendig, und im Radio kam es auch. Wo wir zurückgekommen sind von da unten, wo sie uns nicht mehr durchgelassen haben, um 11 Uhr standen die schon da (vor dem Volkspolizeikreisamt in Worbis). Sie haben einstimmig gerufen: »Tür auf! Tür auf!«, aber in einem so tiefen Ton, da hab' ich eine richtige Gänsehaut gekriegt. Hat man noch nie erlebt, daß so eine Masse das einstimmig sagt. Man hört das viel im Fernsehen, diese Chöre, aber wenn du das selber so mitkriegst! Die Polizei hat dann aufgemacht, hat sie beruhigt und ihnen um zwölf rum gleichzeitig Stempel gegeben. Dann konnten sie sich in die Spur machen. 80, 90 Menschen waren das, garantiert, der ganze Platz war ja voll, die Treppe hoch.

Um zwölf, wo das richtig aktuell war, da sagt mein Mann: »So, jetzt fahren wir los, jetzt lassen sie uns bestimmt

auch durch.« Ich sage: »Das glaube ich nicht, daß das wirklich so ist. Wir wollen mal lieber den Ausweis mitnehmen.« Unterwegs wurde dann immer aufgeladen. Wir hatten den B 1000. Seine eigenen Leute kamen alle an: »Franz, wir fahren mit.« Oder: »Meister, wir fahren mit.« Die haben sich das schon denken können. Mittlerweile waren wir bestimmt 15 Mann auf dem B 1000, durfte ja gar nicht sein, aber man hat uns fahren lassen. Unterwegs wurden noch ein paar eingeladen aus Worbis, in Ferna waren es noch zwei, die kannte man. Normalerweise hatte er immer eine Bank drauf, und zwar eine Werkzeugbank, da können drei Mann drauf sitzen. Aber der B 1000 ist neu gebrettert worden, der war am Tag vorher gerade abgeholt worden aus Heiligenstadt. Auf dem blanken Holz, da saßen natürlich alle. Ist ja auch gut so, daß sie da unten saßen. War vielleicht besser.

Das war so eine Masse, die konnten sie gar nicht aufhalten. Es wurde überholt, obwohl die ja wirklich gefährliche Kurven haben darunter, weil man genau wußte: Es würde keiner entgegenkommen, es fuhr alles nur in eine Richtung. Man hat überholt, alles, was kleinere Autos hatte. Die Trabis waren ja nun gelenkig, die konnten ja sowieso überholen. Es kam nichts entgegen, die haben überholt, wo kein Mensch überholen dürfte, würde. Das war lebensgefährlich.

Wir mußten uns drüben in Duderstadt erstmal zurechtfinden. Wir sind immer der Masse hinterher. Und dann der große Lieferwagen! Ich mußte ja erstmal sehen, wo ich den unterkriegte. Es wurde kein Halteverbot akzeptiert und auch kein Parkverbot, man konnte sich hinstellen, wo man wollte. Aber man war ja so anständig, man hat sich nicht auf den Rasen gestellt. Macht man ja heute eher, das war damals noch ein bißchen berücksichtigt worden. Wir kannten das ja gar nicht, wir sind einfach nur hinter der Masse her. Das haben wir erst am anderen Morgen, als es dann dämmerte, mitgekriegt, wo wir überhaupt waren.

Na ja, die Stimmung im »Ambiente« (Gaststätte in Duderstadt) war erst ein bißchen zögernd, weil sich keiner traute, was anzunehmen, weil es immer hieß: »Hier, trink! Schön, daß Ihr da seid! Schön, daß alles geklappt hat, ohne Blut und ohne alles!« Das wußten die alles schon, das war gut. Doch die Stimmung war sehr ..., also, besser konnte sie nicht sein, da fiel Weihnachten und Ostern zusammen. Die waren ganz begeistert, auch daß die Wessis, auf deutsch gesagt, freundlich sind und entgegenkommend und spendabel, was sich ja dann auch gelegt hat. Die Begeisterung ging ja dann auch hin. Es sind viele Freundschaften dadurch geschlossen worden, es sind auch schon viele wieder kaputt. Ist klar, es ist wie im Urlaub, alle haben sich von der besten Seite gezeigt.

Um halb fünf habe ich versucht, sie alle wieder einzufangen, und das war gar nicht so einfach. Und sie waren, wie soll ich mich ausdrücken, wie halt Männer sind, wie kleine Jungs, freuen sich über jede Kleinigkeit, die ihnen zugesteckt wird. Und da wird sich gedrückt, die Männer untereinander haben sich geküßt und gedrückt vor Freude. Die Frauen waren alle ein bißchen zurückhaltend. Es waren viele Frauen, die fahren mußten. Obwohl, wir haben uns alle gefreut. Es hat auch keiner darüber nachgedacht, wie es weitergeht. Es war erstmal der Moment ...

Es war schon eine Freude, es war eine riesige Freude, obwohl wir so richtig damit nichts anfangen konnten, ganz ehrlich. Wie das dann mal weitergeht, darüber haben wir auch gesprochen, manche wurden dann doch ein bißchen ernst. Doch, war schon Begeisterung! Ich glaube, so eine Begeisterung gab es nicht wieder. Es war etwas Einmaliges. Wenn man das im Nachhinein alles so überlegt, es hätte auch anders kommen können. Es war schon toll, kann man nicht anders sagen.
Monika Reetz,
Worbis, Jahrgang 1943

Das sind Sachen, die ich nie vergessen werde.

Wo das damals war im November, im Oktober 1989, schon die ganze Zeit, hat man das ja mit riesenhafter Begeisterung im Fernsehen verfolgt, wie dann immer mehr aus dem Urlaub nicht zurückgekommen sind, die abgehauen sind und was da in der tschechischen Botschaft los war, wie der Genscher da oben auf dem Balkon stand.

Nebenbei bin ich auch noch ein großer Fußballfan und hab' dann an jenem Abend, am 9. November, Fußball geguckt. Da war ein Pokalspiel gewesen, Bayern München gegen VfB Stuttgart, und in der Halbzeitpause kam plötzlich eine Einblendung, daß beschlossen worden ist, daß man mit normalem Personalausweis über die Grenze gehen darf, kann. Nein, das wollte ich gar nicht glauben! In dem Moment war Fußball für mich total weg gewesen. Ich sagte: »Das gibt es doch gar nicht!« Schnell noch ein Bier getrunken. »Ja, Mensch, hier haut irgendwas nicht hin!« Aber die haben das nicht widerrufen. Da habe ich mich gleich angezogen und bin sofort zu unserer Gaststätte in unserem Ort gegangen, wo meine ganzen Kumpel saßen, weil Donnerstag normalerweise immer unser Kartenabend war, wo sich alle Jugendlichen zum Kartenspielen oder Knobeln trafen. Ich war Fußballfan und hatte Fußball geguckt. Jetzt bin ich da rein gerannt und habe gesagt:»Jungs, die Grenzen sind auf! In Berlin gehen sie schon mit dem Ausweis rüber!« Aber das wollte mir erstmal gar keiner glauben.

Ein guter Kumpel von mir, der meinte:»Los, komm her, wir probieren es, mit dem Trabant fahren wir hin.« Im Endeffekt waren wir vier Mann, in den Trabi eingestiegen, und dann sind wir Richtung Grenze gefahren. Ich war total euphorisch und bin mit meinen vier Kumpels losgefahren. Und die anderen drei, die wollten das gar nicht so richtig glauben, aber sicher waren sie auch nicht. Und im Endeffekt, warum sollte ich lügen? Oder warum sollte ich mir so was ausdenken? Nun sind wir losgefahren und gefahren, und in den Nachrichten kam nichts, aus dem Radio kam nichts, haben sie nichts gesagt, haben sie nur Musik gespielt. Unterwegs ging es nochmal los:»Ob das stimmt, das stimmt doch nicht. Laß uns zurückfahren.« Ich sagte:»Nichts, wir fahren jetzt hin!« Dann plötzlich durch die Bäume hat man manchmal schon gesehen, da kam von da ein Scheinwerfer, von da ein Scheinwerfer. Ich sage:»Mensch, normal fahren hier nachts groß keine Autos lang.« Wir sind bis an die Grenze gefahren, und da standen gleich sechs, acht Autos. Und keiner wußte Bescheid, die hatten das Gleiche gehört wie wir auch. Da kam der erste Grenzer und meinte, wir müßten zurück nach

Worbis, und da müßten wir uns einen Stempel holen im Ausweis. Gut, wieder alle in die Autos, plötzlich wurden es immer mehr, immer mehr. Alle fuhren wieder zurück nach Worbis auf die Polizeistelle. Da war schon ein riesengroßer Tumult, die wollten uns nicht glauben. »Nein, nein, wir wissen davon nichts. Hier gibt es keinen Stempel.« »Das darf nicht wahr sein! Erst kommen wir von dort, dann wieder hierher, wir wollen endlich rüber! Woanders, in Berlin, da dürfen sie schon über die Grenze.« Da kam plötzlich ein anderes Auto von Teistungen zurück und meinte:»Du, jetzt ist Teistungen offen, alle Mann sind rüber.« Da sind sie alle zu ihrem Auto gerannt, jeder wollte der Erste sein. Es ist aber, Gott sei Dank, nichts passiert. Keiner hat sich an irgendwelche Verkehrsregeln gehalten, alle sind einfach nur vor Freude euphorisch losgefahren.

Wieder zurück an der Grenze kamen Grenzer, die waren auch aufgeregt, die wußten nichts. Keiner machte das Licht im Auto aus, jeder hatte das Radio an, volle Suppe, und wollte warten, bis Nachrichten kommen. Da haben sie in den Nachrichten kurz gesagt, daß wohl jetzt in Berlin die ersten schon über den Ku'damm und über die Grenze gegangen sind. Da haben die Grenzer noch gesagt:»Wir haben keine Verbindung nach Berlin. Das ganze Telefonnetz ist zusammengebrochen. Wir können Euch nicht durchlassen, wir müssen erst abwarten, bis wir den Befehl dazu kriegen.« Und alle haben geschrien, viele waren ausgestiegen und haben geschrien:»Macht die Grenze auf, oder wir brechen durch!« So ging das ungefähr eine Stunde hin und her. Da hieß es wieder, wir sollten nach Worbis, aber es ist trotzdem keiner mehr hingefahren außer ein paar. Wir sind einfach stehengeblieben, immer gehupt, gehupt und gejohlt. In der Masse, da ist man ja doch ein bißchen mutiger, als wenn man alleine dasteht. Jedenfalls irgendwann da hieß es plötzlich: Die Bäume gehen nach oben, wir könnten durch. Alle sind ins Auto gestürzt und losgefahren. Da war es erst einmal mucksmäuschenstill, man hat ja vorher gar nicht gewußt, wie groß so eine Grenzanlage ist. Ob das wirklich hinhaut? Ob das alles klappt? Wir mußten die Ausweise abgeben, und dann haben wir einen Stempel mitten auf das Paßbild gekriegt. Danach sind wir im Schrittempo diese riesengroße Grenzanlage langgefahren. Ich hab' auch ein bißchen Bammel gehabt, denn vorher waren wir alle schön in der Meute. Jetzt auf einmal fuhr jedes Auto einzeln. Aber irgendwo, ganz weit vorne, hat man plötzlich immer wieder welche schreien gehört, wie welche gejubelt haben.

Wenn man es dann geschafft hat und auf der anderen Seite war, da kamen die Leute von überall, die standen schon da und haben uns erwartet. Und da haben wir nur das Fenster aufgemacht und geschrien: »Freiheit! Frei!« Und haben erstmal richtig aus der Kehle herausgebrüllt, und da standen dort die ganzen Leute. Das war wahnsinnig, die haben geheult, wir haben geheult. Dann haben sie ins Auto Feuerzeuge reingehalten, Bier hineingereicht und alles Mögliche, Schokolade und so. Die Herzlichkeit, die Freundlichkeit, die waren dermaßen überwältigend. Das sind Sachen, die ich nie vergessen werde. Wir sind dann mit der Kolonne bis nach Duderstadt auf den Markt gefahren. Dort haben wir erstmal angehalten, und klar, jeder will die Schaufenster angucken. Da kamen aber so

viele Duderstädter und Einheimische und haben uns begrüßt und jeden Einzelnen gedrückt. Zu mir kam zum Beispiel eine ältere Frau, drückte mir eine Handvoll Kleingeld in die Hand und sagte: »Rufen Sie zu Hause an.« Ich sage: »Mache ich sofort.« Aber in dem Moment stand ich vor der Telefonzelle, da habe ich gesagt: »Ich kann gar nicht anrufen.« Da fragte sie: »Warum?« »Ja, bei uns zu Hause hat keiner Telefon.« Da meinte sie: »Behalt' das Geld trotzdem.« Bis dann ein großer Mercedes kam und alle DDR-Bürger eingeladen hat: »Alle mitkommen hier, dort und dort in einer großen Gaststätte hat ein Wirt Bier ausgegeben, da gibt es eine große Feier, für alle DDR-Bürger.« Alle sind wieder ins Auto gestiegen und dem hinterher gefahren, jeder hat nur rechts und links rausgeguckt. Es waren ja alles so überwältigende Bilder, so eine Reklame hat man ja früher nicht gesehen. In der Gaststätte ist ein Tanz und eine Musik gewesen, jeder hat da mit jedem umhergetanzt, jeder hat jeden gedrückt. An dem Abend hab' ich zigmal die Nationalhymne gesungen, mit irgendwelchen fremden Leuten umhergetanzt, das war jedenfalls überwältigend. Ein paarmal hat der Wirt eine Durchsage gemacht, es sollte doch keiner die Gläser einstecken. Es kann jeder seins mitnehmen, aber zur Zeit hatten sie nicht genug, um auszuschenken. So schöne Gläser mit so schönen Emblemen hat man ja gerade vielleicht früher auf der Schießbude geschossen. Außerdem wollte jeder so ein Andenken mitnehmen. Da haben sie Aschenbecher und Gläser eingesteckt, das mußte zwar nicht sein, aber es war damals so. Meine anderen Kumpels, die haben noch mit Einheimischen zum Beispiel Billard gespielt. Jeder hat jeden einge-

Robby Lärz (Mitte) nach seiner Fahrt über die Grenze in Duderstadt, aufgenommen von einem Fotografen des »Göttinger Tageblattes«.

laden, wir brauchten da nichts bezahlen. Und früh um sechs ging es dann langsam los, wir mußten ja wieder auf Arbeit. Mein anderer Kumpel meinte: »Wir bleiben hier, es hat keinen Zweck, die machen die Grenze wieder zu. Das muß nur aus Versehen gewesen sein. Ich bleib' jetzt hier, und wer weiß, was dann passiert. Wir holen unsere Familien später wieder rüber.« Ich hab' auch hin und her überlegt: Was machst du? Mein anderer Kumpel meinte: »Wir haben alle Kinder, wir müssen zurück. Wenn hier einmal die Grenze auf ist, bleibt sie auch auf.« Da haben wir eine halbe Stunde hin und her gestritten. Wir hatten ja ein bißchen was getrunken und haben uns wirklich überlegt: Was machen wir? Bleiben wir nun da, oder bleiben wir nicht da? Im Endeffekt hat dann doch gesiegt, daß man gesagt

hat: Wir haben eigene Kinder zu Hause, wir lassen die Familie nicht zurück. Denn wenn sie jetzt einmal offen ist, das können die sich gar nicht mehr leisten, das Ding wieder zuzumachen. Das gibt eine Revolte. Da sind wir früh wieder nach Hause zurückgefahren, in Geisleden ausgestiegen, meine Frau lag noch im Bett und schlief, und ich hab' sie geweckt. Um sieben war ich auf der Arbeit, wo Arbeitsbeginn war. Aber da wußten es die meisten schon. Nicht, daß ich drüben war, aber daß eben die Grenze auf ist. Ich hab' dann gleich erzählt: »Ich war dort gewesen.«
Robby Lärz,
Geisleden, Jahrgang 1960

Literaturverzeichnis

ADLER, HANS-GERD: *Wir sprengen unsere Ketten. Die friedliche Revolution im Eichsfeld. Eine Dokumentation*, Leipzig 1990.

BENNEWITZ, INGE; POTRATZ, RAINER: *Zwangsaussiedlungen an der innerdeutschen Grenze. Analysen und Dokumente, Forschungen zur DDR-Geschichte*, Bd. 4, Berlin 1994.

BÖNISCH-BREDNICH, BRIGITTE; BREDNICH, ROLF W.; GERNDT; HELGE (HRSG.): *Erinnern und Vergessen. Vorträge des 27. Deutschen Volkskundekongresses*, Göttingen 1989, Schriftenreihe der Volkskundlichen Kommission für Niedersachsen e.V., Bd. 6, Göttingen 1991.

Die Grenze im Eichsfeld. Leid, Hoffnung, Freude. Eine Bild- und Textdokumentation zur Teilung des Eichsfeldes 1945-1990, hrsg. von der Stadt Duderstadt, 1991.

EBELING, HANS-HEINRICH: *Grundzüge territorialer Entwicklung des Eichsfeldes*, in: Eichsfeld Jahrbuch, 3. Jahrgang, Duderstadt 1995, S. 5-25.

FILMER, WERNER; SCHWAN, HERIBERT: *Opfer der Mauer. Die geheimen Protokolle des Todes*, München 1991.

Grenzgeschichten. Berichte aus dem deutschen Niemandsland, hrsg. von Andreas Hartmann und Sabine Künsting, Frankfurt a.M. 1990.

HERTLE, HANS-HERMANN: *Chronik des Mauerfalls. Die dramatischen Ereignisse um den 9. November 1989*, Berlin 1997.

KOCKELMANN, PAUL JULIUS: *Zwischen Kanzel und Pfarrsaal – Systemdistanz im Eichsfeld*, in: Israel, Jürgen (Hrsg.): Zur Freiheit berufen. Die Kirche in der DDR als Schutzraum der Opposition 1981-1989, Berlin 1991, S. 237-242.

KOOP, VOLKER: *»Den Gegner vernichten.« Die Grenzsicherung der DDR*, Bonn 1996.

LINDNER, BERND: *Die demokratische Revolution in der DDR 1989/90*, Bonn 1998.

NEUBERT, EHRHART: *Geschichte der Opposition in der DDR 1949-1989*, Berlin 1997.

NIETHAMMER, LUTZ (HRSG.): *Lebenserfahrung und kollektives Gedächtnis. Die Praxis der »Oral History«*, Frankfurt a.M 1985.

REMY, DIETMAR: *Opposition und Verweigerung in Nordthüringen (1976-1989)*. Schriftenreihe der Bildungsstätte am Grenzlandmuseum Eichsfeld, Bd. 1, Duderstadt 1999.

RITTER, JÜRGEN; LAPP, PETER: *Die Grenze. Ein deutsches Bauwerk*, Berlin 1997.

ROSENTHAL, GABRIELE: *Erlebte und erzählte Lebensgeschichte*, Frankfurt a.M. und New York 1995.

SCHROEDER, KLAUS: *Der SED-Staat. Partei, Staat und Gesellschaft 1949-1990*, München 1998.

VOLLNHALS, CLEMENS: *Das Ministerium für Staatssicherheit. Ein Instrument totalitärer Herrschaftsausübung.* Veröffentlichung des Bundesbeauftragten für die Unterlagen des Staatssicherheitsdienstes in der ehemaligen DDR, Berlin 1995.

WEISBROD, BERND (HRSG.): *Grenzland. Beiträge zur Geschichte der deutsch-deutschen Grenze*, hrsg. vom Arbeitskreis Geschichte des Landes Niedersachsen nach 1945. Veröffentlichungen der Historischen Kommission für Niedersachsen und Bremen, Bd. 38; Quellen und Untersuchungen zur Geschichte Niedersachsens nach 1945, Bd. 9, Hannover 1993.

WOLLE, STEFAN: *Die heile Welt der Diktatur. Alltag und Herrschaft in der DDR 1971-1989*, Berlin 1998.

Fotonachweis

Die Heimat entdecken!

Von Kiel bis Wien,
von Aachen bis Görlitz:
Entdecken Sie Alltagsgeschichten
aus Ihrer Heimatstadt!

Leben in der Großstadt ...

Tauchen Sie ein in das quirlige Großstadtleben vergangener Tage. Spazieren Sie über breite Boulevards und stürzen Sie sich ins Nachtleben. Erkunden Sie ihre Stadt durch die Fensterscheiben einer Straßenbahn oder des ersten Käfers und bewundern Sie prächtig geschmückte Schaufenster.

… und ländliche Idylle

Wie sah das Leben in Ihrer Heimat aus, als die Bauern noch mit Pferden pflügten und jedes Dorf seinen eigenen Schmied hatte, jeder noch jeden kannte und das Leben sich zwischen Kirche, Wirtshaus und Wohnküche abspielte?

www.suttonverlag.de

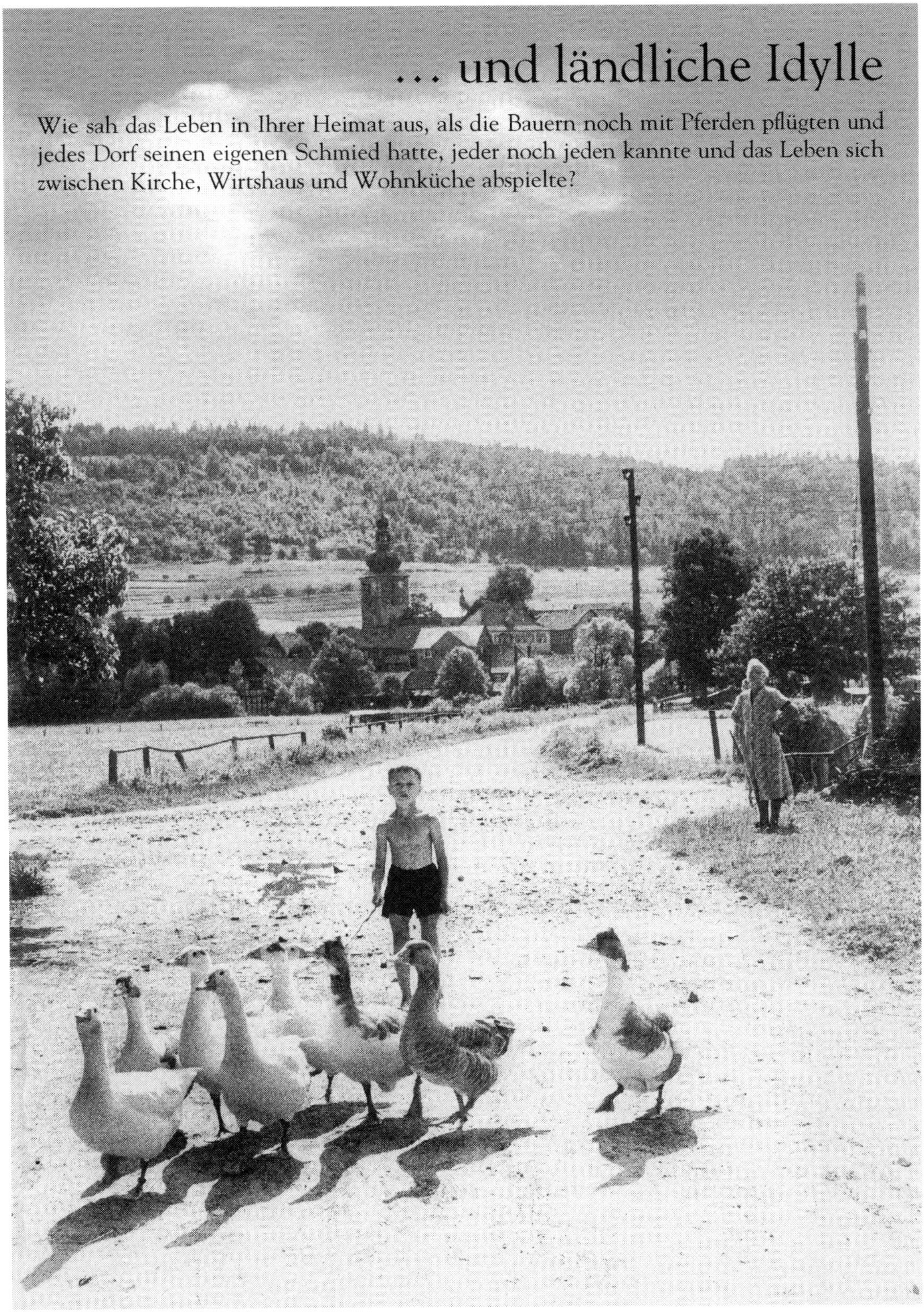

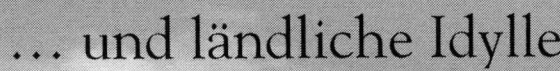

Erinnerungen an die Schulzeit ...

Erinnern Sie sich noch an die Zeiten von Abakus und Schiefertafel, an Klassenausflüge oder den ersten Taschenrechner? Blicken Sie zurück auf große Klassen und gestrenge Schulmeister, entdecken Sie auf Klassenfotos Freunde und Bekannte von früher!

... und das Arbeitsleben

Entdecken Sie, wie sich das Arbeitsleben in den letzten hundert Jahren verändert hat. Werfen Sie einen Blick in Fabrikhallen, blicken Sie Handwerksmeistern bei ihrer Arbeit über die Schulter und erinnern Sie sich an den Einkauf im Tante-Emma-Laden.

Gesellige Stunden im Verein ...

Fußballclub und Schützenverein, Musikkapelle und Gesellenverein: Schauen Sie zurück auf Volksfeste und Turniere, Chorproben oder Prunksitzungen. Erinnern Sie sich an schöne Stunden und das gesellschaftliche Leben in Ihrer Heimat.

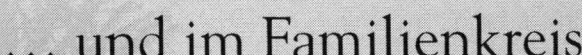

... und im Familienkreis

Werfen Sie einen Blick in die Wohnzimmer vergangener Tage und entdecken Sie, wie sich zwischen schweren Eichenmöbeln, Nierentischen und Ikea-Regalen der Alltag verändert hat. Erleben Sie Familienfeiern und Weihnachtsfeste im Wandel der Jahrzehnte mit.

www.suttonverlag.de

Alltagsgeschichte in historischen Fotos
zu über 1000 Regionen, Städten
und Gemeinden

Bestellen Sie jetzt
Ihr persönliches Exemplar auf

www.suttonverlag.de

Zeitfracht Medien GmbH
Ferdinand-Jühlke-Straße 7
99095 Erfurt, Deutschland
produktsicherheit@kolibri360.de

Druck:
CPI Druckdienstleistungen GmbH
im Auftrag der
Zeitfracht Medien GmbH
Ein Unternehmen der Zeitfracht - Gruppe
Ferdinand-Jühlke-Str. 7
99095 Erfurt